大夏书系·全国中小学班主任培训用书

班主任感悟幸福
100篇千字妙文

张万祥 主编

华东师范大学出版社

图书在版编目（CIP）数据

班主任感悟幸福100篇千字妙文/张万祥主编.—上海：华东师范大学出版社，2015.8
ISBN 978-7-5675-4102-3

Ⅰ.①班… Ⅱ.①张… Ⅲ.①青春期—健康教育—青少年读物 Ⅳ.G479-49

中国版本图书馆CIP数据核字（2015）第219351号

大夏书系·全国中小学班主任培训用书

# 班主任感悟幸福100篇千字妙文

| 主　　编 | 张万祥 |
|---|---|
| 策划编辑 | 李永梅 |
| 审读编辑 | 王　悦 |
| 封面设计 | 奇文云海·设计顾问 |

| 出版发行 | 华东师范大学出版社 |
|---|---|
| 社　　址 | 上海市中山北路3663号　邮编　200062 |
| 网　　址 | www.ecnupress.com.cn |
| 电　　话 | 021－60821666　行政传真　021－62572105 |
| 客服电话 | 021－62865537 |
| 邮购电话 | 021－62869887　地址　上海市中山北路3663号华东师范大学校内先锋路口 |
| 网　　店 | http://hdsdcbs.tmall.com |
| 印 刷 者 | 北京季蜂印刷有限公司 |
| 开　　本 | 700×1000　16开 |
| 插　　页 | 1 |
| 印　　张 | 14 |
| 字　　数 | 194千字 |
| 版　　次 | 2016年1月第一版 |
| 印　　次 | 2016年1月第一次 |
| 印　　数 | 6 100 |
| 书　　号 | ISBN 978－7－5675－4102－3/G·8644 |
| 定　　价 | 32.00元 |

| 出版人 | 王　焰 |
|---|---|

（如发现本版图书有印订质量问题，请寄回本社市场部调换或电话021-62865537联系）

# 目 录
## contents

### 第一辑　幸福于教育事业，心存高远

| | | |
|---|---|---|
| 3 | 就让我痴痴地擦星星吧 | 王国明 |
| 5 | 晒晒我的幸福观 | 郭淑岚 |
| 7 | "道法自然"话幸福 | 李　迪 |
| 9 | 幸福，因研究学生而成长 | 林志超 |
| 11 | 特教班主任的微幸福 | 孙秀娟 |
| 13 | 幸福始于让学生幸福 | 陈立宝 |
| 15 | 笔尖上的快乐 | 付　博 |
| 17 | 我收藏了学生的光阴 | 何　峥 |
| 19 | 惜福、种福，让幸福流动 | 胡春艳 |
| 21 | 幸福像花儿一样 | 李　晶 |
| 23 | 微公益带来的小幸福 | 田冰冰 |
| 25 | 幸福比荣誉更重要 | 王英杰 |
| 27 | 流泪也是幸福 | 徐晓彤 |
| 29 | 我的幸福密码 | 刘　祥 |
| 31 | 薪火相传幸福连 | 刘姿爽 |

| 33 | 长大后我就成了你 | 牛胜荣 |
| 35 | 在乡村绽放自己的美丽 | 张爱敏 |
| 37 | 孤寂中的幸福 | 钟乐江 |
| 39 | 教育人生因奉献而幸福 | 刘坚新 |
| 41 | 幸福是一种灵魂的香味 | 邢玉华 |

## 第二辑　幸福于专业成长，拥抱未来

| 45 | 卫生间里的圆梦之旅 | 纪继兰 |
| 47 | 享受有情趣的教育 | 李爱群 |
| 49 | 幸福尽在学习与反思中 | 李志华 |
| 51 | 享受专业成长的幸福与快乐 | 陈艳华 |
| 53 | 第一次，永远定格在心间 | 高莉莉 |
| 55 | 文字变铅字的幸福 | 郭云华 |
| 57 | 教育幸福，自己创造 | 韩　焱 |
| 59 | 幸福就是感动 | 荆晓燕 |
| 61 | 回归静气，品味幸福 | 刘　强 |
| 63 | 感悟幸福要有资本 | 宁　杰 |
| 65 | 教育科研打开了幸福之门 | 王有鹏 |
| 67 | 追求成长，与幸福牵手 | 张国东 |
| 69 | 遇见幸福 | 赵悦容 |

## 第三辑　幸福于开展活动，风光无限

| | | |
|---|---|---|
| 73 | 惟韵二班，一个飞扬灵动的名字 | 谌志惠 |
| 75 | 乘着音乐的翅膀飞翔 | 都锦梅 |
| 77 | 一个也不能少 | 冯珊珊 |
| 79 | "小赌"怡情 | 刘向娟 |
| 81 | 元宵里的甜蜜 | 潘雪陵 |
| 83 | 教师的小幸福 | 姚贺国 |
| 85 | 幸福就是体验与生命一起成长 | 朱一花 |

## 第四辑　幸福于唤醒心灵，静待花开

| | | |
|---|---|---|
| 89 | 摧毁他心中的隔阂 | 任传述 |
| 91 | 你们开心，我才幸福！ | 张先娜 |
| 93 | 真心酿成的幸福酒 | 龙福莲 |
| 95 | 用心感化，收获幸福 | 李　宁 |
| 97 | 被毁掉的摩托车 | 刘振远 |
| 99 | 有一种幸福叫感动 | 宋丽婷 |
| 101 | 除夕的祝福 | 吴樱花 |
| 103 | 小胖的空花盆 | 李富华 |
| 105 | 在对与错之外的田野上与孩子幸福相遇 | 陈立军 |
| 107 | 一封未曾寄出的信 | 丁建飞 |

## 第五辑　幸福于融合沟通，春风扑面

| | | |
|---|---|---|
| 111 | 有一种幸福叫"你懂我" | 罗文芹 |
| 113 | 这份工作给我带来了太多的幸福 | 甘小琴 |
| 115 | 五彩斑斓的听后感 | 安明星 |
| 117 | 与孩子一起总是这样简单 | 曹丽玉 |
| 119 | 让幸福站起来 | 黄长贵 |
| 121 | 享受"青胜于蓝"的幸福 | 林玉春 |
| 123 | 那些幸福的碎片 | 付义六 |
| 125 | 和班级谈一场甜蜜恋爱 | 马彩云 |
| 127 | 寻找回来的幸福 | 杨　策 |
| 129 | 幸福的思念 | 姚俊松 |
| 131 | 暖暖一杯茶 | 祝　贺 |
| 133 | 痛并幸福着 | 赵艳辉 |
| 135 | 长长的夜，因你而成一首醉人的歌 | 韩素静 |
| 137 | 手捧百合，心有余香 | 江玉荣 |

## 第六辑　幸福于享受生活，酿造甜蜜

| | | |
|---|---|---|
| 141 | 幸福，是举手投足间的默契 | 黎志新 |
| 143 | 一路有你，真好！ | 林云芬 |
| 145 | 弃车走路显神功 | 王金凤 |

| | | |
|---|---|---|
| *147* | 痛痛快快打一场校园篮球 | 王立新 |
| *149* | 幸福不幸福 | 王新国 |
| *151* | 异国他乡的家乡味道 | 王振刚 |
| *153* | 农家小院乐趣多 | 许传江 |
| *155* | 在旅行中品味幸福 | 许丹红 |
| *157* | 电话两头连着我和娘 | 李靖华 |
| *159* | 车轮上的"家"里笑声多 | 宋玉娟 |
| *161* | 幸福生活,情系左右 | 张书红 |

## 第七辑　幸福于获得回报,清雅悠远

| | | |
|---|---|---|
| *165* | 我的世界春暖花开 | 钱碧玉 |
| *167* | 我怎能不感到幸福? | 全　斌 |
| *169* | 成就彼此的幸福 | 田　旭 |
| *171* | 孩子们捧出了赤诚的心 | 安　杰 |
| *173* | 幸福的晚餐 | 陈美彬 |
| *175* | 徜徉在短信里的幸福 | 董彦旭 |
| *177* | 病房里的教师节 | 冯华荣 |
| *179* | 幸福在左　幸福在右 | 高　英 |
| *181* | 用感恩的心拥抱幸福 | 管宗珍 |
| *183* | 一盏带来无尽温暖的车灯 | 贾焱鑫 |

| | | |
|---|---|---|
| 185 | 幸福似那红萝卜 | 李　波 |
| 187 | "老师，我来给你暖暖手" | 李艳丽 |
| 189 | 爱在"教"途，花香满径 | 李英娣 |
| 191 | 32份牵挂 | 梁世累 |
| 193 | 幸福花絮 | 刘卫东 |
| 195 | 老班的幸福 | 罗少武 |
| 197 | 满屋菊香 | 宁解珍 |
| 199 | "你们把我'宠'坏啦！" | 覃丽兰 |
| 201 | 幸福的生日 | 吴菊萍 |
| 203 | 手机里盛不下满满的情义 | 张俊华 |
| 205 | 被学生惦记就是幸福 | 郑光启 |
| 208 | 20年后我们依然想看您！ | 郑学志 |
| 210 | 一张生日礼物清单 | 钟　杰 |
| 212 | 生活，已离不开微信 | 王　莉 |
| 214 | "忠实保护神""贴心小棉袄" | 侯双爱 |

# 第一辑
## 幸福于教育事业，心存高远

* 我们若能以一种圆融的思维、发展的眼光、超然的心态，走进学生的心灵，柔软地触摸，让学生在一笑中感悟，那么在学生快乐成长的同时，我们也会收获自身的成长。而这种成长的幸福感，也会在我们的反省和坚持中源源不断地充盈。

* 安顿好自己的灵魂，有目标地去航行，收获之时幸福感就会油然而生。只有以热情积极的态度投身于现实生活，去赢得工作业绩、家庭亲情等，我们才能拥有自豪感、成就感、快乐感，也才能真正感受到幸福的存在。

# 就让我痴痴地擦星星吧

当我们心系一处，沉迷于某件事时，那份憨态和痴劲恐怕局外人很难理解。就像我们小区门口，总有一圈人围在一起打扑克，从日出到日落，乐此不疲。我很难理解，大把的光阴怎能就这样虚掷了呢？可转念一想，也就释然了，因为别人又如何能理解我对教育的那份痴迷呢？

工作单位换了两三个，老同事见面，常常和我打趣："悠着点吧，差不多就得了，该有的全有了，何必还那么卖命！累坏了，退休后过不了几天好日子！"是啊，评上高级职称了，荣誉也有了，各种机缘巧合还让我成了别人眼里的"名师"……在大多数人眼里，"名师"总是要拼命工作的，可我偏偏不是。每每听到让我"悠着点"的建议时，我总想和他们解释：我不是那种"拼命三郎"式的人，而且我也不喜欢让学生拼命。如果非要找个词语来形容一下我的状态，那应该是"享受"——和我的学生一起享受学习和进步的快乐，一起追求遥不可及又热切向往的远方，那感觉真是太爽了。但我不能说，因为他们会笑我，笑我如此不食人间烟火。

周国平在《记住回家的路》中说："一个人不论是伟大还是平凡，只要他顺应自己的天性，找到了自己真正喜欢做的事，并且一心把自己喜欢做的事做得尽善尽美，他在这世界上就有了牢不可破的家园。"有些人终其一生，也未能找寻到自己"真正喜欢做的事"，而我却是那么幸运，在初上讲台时就与语文结缘，后来又走上了"仕途"，成了职位无尽小、责任无穷大的班主任。

我喜欢和孩子们在一起，喜欢看他们青春洋溢的笑脸，看他们灵动的文字，看他们面红耳赤地争论，甚至看他们犯错误后的惭愧、自责……一个如此美丽的教育世界，观它千遍也不厌倦，怎么可能被它累垮身心？真正会拖垮身心的是人与人之间的互相诋毁、钩心斗角、追名逐利、斤斤计较……我的世界那么单纯，单纯到只有我和我的学生，那些纷纷扰扰全是身外之事，我怎会累坏？

命运厚爱我，没有"乱点鸳鸯谱"，而是给了我一方如此纯净而美好的天地，赐给我一届届虽不完美但极为可爱的孩子们，让我能永远和青春相伴。

在我们这个浮躁而喧嚣的社会里，需要一大批踏踏实实、简单纯粹的老师，守得住宁静，耐得住寂寞。虽然我们的教育有着许多的不完美，但也正因为这些问题的存在，我们的探索和追求才更有价值。

美国诗人谢尔·希尔弗斯坦有首小诗："总得有人去擦亮星星，/它们看起来灰蒙蒙。/总得有人去擦亮星星，/因为那些八哥、海鸥和老鹰/都抱怨星星又旧又生锈，/想要个新的我们没有。/所以还是带上水桶和抹布，/总得有人去擦亮星星。"

那么，就让我痴痴地擦星星吧！

---

**点点思雨**

我的文化程度只是中师毕业，1990年走上工作岗位，在河北省一所偏僻的乡村中学教书13年，2003年进入县城重点中学，2013年通过人才引进的方式调入北京市育英学校。在别人眼里，我是个奇迹。可我知道，我只是一直在傻傻地、憨憨地研究班主任工作和语文教学。我对我的事业充满敬畏，对我的工作充满热爱，对我的学生充满感恩。教师对我而言，不是谋生的职业，而是我情之所系，魂之所依，是我人生价值的体现。如果真有奇迹的话，这就是我创造奇迹的秘诀！

（王国明　北京市育英学校）

# 晒晒我的幸福观

偶尔在微信中看到这样一张照片：一位绝艳的女子，身子腾空而起，在空中画出一道美丽的弧线。正当我为之赞叹之际，却发现她双脚处是空的。这一刻，我心中不仅是感动，更多的是震撼，是对生命的敬畏。拥有一个健全的身体是多么的幸福！

元旦前，一股病毒来袭，我也不能幸免。发烧、头痛、浑身无力、食不甘味，于是开始大把吃药，大杯喝水。这才意识到原来健康的我是多么的幸福。以前，感觉癌症距离自己似乎还比较遥远，近来却接二连三地听到身边的人得了不治之症，而且得病的人年龄越来越小。一个个鲜活的生命就这样悄然凋零，给亲人留下无尽的伤痛。健康是福，离开了健康一切都无从谈起。

老公出差，说是晚上八点半到达车站。于是，我提前包好饺子，然后去车站接他。与他同行的人无不羡慕地说："瞧人家，真是温馨！"对于一个身在旅途的人来说，没有什么比家更值得眷念。作为家中的女主人，我用心经营着爱的港湾。当然了，孩子健康成长，是父母最大的心愿。总之，家庭幸福，才是真正的幸福！

当教师苦，却苦中有乐。当教学成绩受到上级表彰时，我会认为所有的付出都是值得的；上了一堂精彩的课，我会兴奋得无以言表；成功地转化了一名"差生"，我的心里比吃了蜜还要甜；坚持读书，勤于写作，看到自己的名字出现在各大报刊上时，一种成就感会油然而生。事业上的点滴成就，都会化作一种幸福。

2014年10月底，我受甘肃省教育厅邀请，与来自山东、北京等地的18名全国优秀教师共同担任授课专家，为甘肃省的300位年轻特岗教师带去了宝贵的教育教学经验和教师专业成长新理念。

课余时间，我心系着我的学生——19个与我一起学习《论语》

的弟子，便决定带一些礼物给他们。我用相机拍下了一组兰州大学的照片，又利用空闲时间，到校园中捡了很多漂亮的樱花树的落叶。这两件礼物代表着兰州大学，同时也代表着我的一份心意。我希望通过这两件礼物让孩子们明白外面的世界很精彩，只有努力学习，才能有更多的机会走出去，见世面，才能大有作为。

当我把礼物送给他们时，一张张小脸洋溢着满满的感动，我也被幸福紧紧包围着。"孩子的心是长了翅膀的，尽管稚嫩，但飞得很高，飞得很美。"

我愿与我可爱的孩子们共享生命的阳光，感受智慧的灵光，踏着快乐的节拍，一同飞翔！这就是身为教师的幸福，亘久绵长！

**点点思雨**

幸福是一种内心感受，是心灵的自我满足。只要心中有爱，任何地方都是天堂。面对同样的工作，为什么有的人乐此不疲，而有的人却觉得索然无味呢？关键在于自己的内心。安顿好自己的灵魂，有目标地去航行，收获之时幸福感就会油然而生。只有以热情积极的态度投身于现实生活，去赢得工作业绩、家庭亲情等，我们才能拥有自豪感、成就感、快乐感，也才能真正感受到幸福的存在。

（郭淑岚　河北省张家口市宣化区工业街小学）

# "道法自然"话幸福

前年冬天，我去看望一位初中同学。聪明灵秀的她因为家庭穷困，20世纪90年代考上了中师，现在依然在太行山区的大山深处执教。

隆冬的太行山寒风凛冽，我走进同学简陋狭小的屋子，扑面而来一阵暖流，却混着一股尿臊味。我看到同学正在火炉上烤一条尿湿的棉裤，在她的床上，坐着一个光屁股的七岁小男孩。现在山里学校少，学生六岁半就开始住校了。这个小男生下课的时候嫌冷，没上厕所，上课却尿裤子了。当我为同学的敬业感慨万千时，她只淡淡地说了一句话："天这么冷，总不能让孩子穿着尿湿的裤子上课吧。"

我看着同学恬静的笑脸思忖：她的生活是清苦的，但她的心却是宁静的、幸福的。她的幸福来自何处？

我似乎悟出一点道理来：倘若我们的上级部门不去设置那么多"优秀""先进"的考核，而是"道法自然"，那么教师的幸福感，必然比现在更强烈。我的同学从来没有得到过任何荣誉称号，没有人考核她、要求她必须为孩子烤尿湿的裤子，她就这么自然而然地做了……而我们，在付出的时候，是否更多地将关注的重点放在了回报上？

有的领导听闻此言可能会惊叹：什么？不对教师进行量化考核？那教师们岂不是要违纪——他们总担心没有自己的监督、约束，一线教师就会误人子弟、消极怠工。领导干涉、监督的背后，是对教师、学生极度的不信任，而这种不信任最容易导致逆反心理，于学校管理和教师幸福的获得有害无益。

假设我初为人师，我从来不知道上级部门规定的优秀教师的标准，更不明白被学校、教育局评为优秀教师能带来多少名利，我只是出于内心深处对自己的爱、对生活的爱、对学生的爱而认真备课、努力工作。我在课堂上激扬文字、侃侃而谈，学生回报给我认真倾听的状态，这本身就使我沉醉，让我体验到了自我价值实现的满足感；我在课余时间带学生春游、包饺子、谈心、嬉闹……这不是单向的付出，而是双赢的生活——在我陪伴学生的同时，学生也给我带来了快乐。

但是，现在学校，或者说整个教育系统为了激发教师对学生、对教育的爱，出台了种种评优的制度和诱人的奖励。于是大家争先评优，慢慢地，就可能把对认真备课、讲课、组织班级活动的兴趣，转移到了评优上，甚至会失去工作的主动性。评优评先需要什么条件，就创造什么条件。一旦荣誉没有得到，就会抑郁、不平、愤世嫉俗……

如此，何谈教师的职业幸福感？被上级部门的监督、考核、评优、评先干涉没了。

"道法自然"是老子的重要思想之一。"法"有遵循的含义，这里的"自然"指的不是山水、树木所组成的"大自然"或"自然界"，而是"我本如此"。也就是说："道"遵循的是我本如此。我们只要听从内心的需求，不被外界宣扬的名利羁绊，不被上级设置的荣誉动摇，自然就能成为自己的主人，就能幸福多多。所以，最重要的是能常常在宁静的夜晚，叩问自己：我的内心需要的究竟是什么？这样才可能获得真正的人生幸福。

点点思雨

（李　迪　河南省郑州市科技工业学校）

# 幸福，因研究学生而成长

2007年，我中途接手了一个我工作史上最棘手的班级。没想到，我就此走上了一条艰难而又幸福满满的成长之路。

26个学生的班级，却有十几个人学习成绩不及格，打架、将桌椅从四楼扔下去这些暂且不提，他们竟然有本事将原班主任气走，又把语文老师赶走……更"逗趣"的是，刚接手这个班时家长看见我掉头就走，生怕又被告知孩子的"劣迹"。

我不得已当起了"全职消防员"，焦头烂额地为学生层出不穷的"祸事"善后，非常无奈。"每天都很烦恼，烦恼到对自己一直最喜欢的班主任工作都产生了怀疑，想逃避了。"我的脑际竟然闪过了这样的念头。

由于学生是寄宿生，每天晚上九点学生宿舍熄灯之后，我会再等半小时才回家，可我的神经却是24小时待命。

这些"睡着的天使"进入香甜的梦乡后，我便开始了另一番紧张的奋战——抓紧时间去狂看教育报刊，以期能获得启发，想出更好的"应对"他们的办法。

我知道，"我必须得很努力，才能做到看起来毫不费力"。

"先忍忍吧！""到底是什么原因？"……每次遇到学生问题，在没有好的解决方法之前，我通常按兵不动，通过大量明察暗访，深入了解问题的原因后，才出其不意地将一个个疑难问题化解于无形。

一次，两个学生因琐事吵架，来到我面前，双方各执一词。我没说什么，让他们回教室，请了两个当时在场的学生，模仿吵架的整个过程。这两个模仿的学生把吵架双方当时的表情、动作、语言模仿得惟妙惟肖，龇牙咧嘴、目露凶光、怪模怪样的表演，引起了同学们的阵阵哄笑。事后，两个吵架的学生都表示，还以为自己吵架时很威风，原来那么丑陋，下次不会再因为琐事吵架了。

我试着站在孩子的立场看问题，慢慢地靠近他们，改变他们。"我的脑子里忽然闪过一个念头""我心中一喜，顿时有了主意"……遇到学生问题，我开始能轻松地应对。

学生有危险行为，我利用"看见未来"的方式，让他们看见危险行为将会导致的结局，引起他们强烈的警惕，让他们学会安全行事；对习惯不好的学生，我通过"看见进步"的方式，让他们与以前的自己对比，激起他们改变的信心和恒心；遇到在某些方面有困难的学生，我采取"持续认可"的方式，挖掘他们身上的亮点并给予肯定，点燃他们内心向上的火焰；……

让学生"看见"自己，力量就会出现。那些曾经难以驯服的学生取得了巨大的进步，在毕业的那一年，这个班收获了各项成绩在全县名列前茅，并被评为"县级优秀班集体"的惊人成绩。

我也在研究如何艺术地应对学生的问题，记录他们成长的过程中，取得了巨大的收获。我发表了近百篇文章，出版了个人著作，研究的规划课题获得省级一等奖，从一名非常普通的班主任成长为一名"德育特级教师""全国优秀教师"。

---

**点点思雨**

都说生活在蜜罐里的孩子永远长不大，只有经历磨难和挫折，才会真正成长。是的，成长是一个淬炼自我的过程，对美好的强烈期盼，往往会让你更加动力十足地前行。班主任的成长也是这样。面对一群急需帮助的孩子，你不得不奋起研究。我们若能以一种圆融的思维、发展的眼光、超然的心态，走进学生的心灵，柔软地触摸，让学生在一笑中感悟，那么在学生快乐成长的同时，我们也会收获自身的成长。而这种成长的幸福感，也会在我们的反省和坚持中源源不断地充盈。

（林志超　浙江省苍南县龙港潜龙学校）

# 特教班主任的微幸福

一次懵懂的选择，成就了我与特殊孩子的不解之缘。当我踏进学校大门的那一刻，迎接我的是一些智障、脑瘫的孩子。他们有的目光呆滞，有的动作迟缓，有的鼻涕口水黏在一起，但他们单纯、善良，像未经雕琢的璞玉，带给了我无限的快乐。

细算起来，我在特教行业已经摸爬滚打了20年，就连班主任也当了十多年，从初涉特教的迷茫到欣然接受各类孩子，没有亲身经历的人是无法想象其中的痛苦与挣扎的。在与孩子们的朝夕相处中，我学会了用放大镜看孩子们的优点，在我眼里这些孩子都是可爱的天使，即使是别人习以为常的事情对我来说也是一种幸福！

2014年3月10日，我刚到二楼楼梯口，看见浩然、患有脑瘫的钰和钰的爷爷已经站在教室门口。还没来得及和他们打招呼，就看到钰壮起胆子张大嘴巴，结结巴巴地问候："老师，早上好……"或许有人认为这种问候太平常了，可是对我来说，却比世界上最美的音乐还动听，比受到国家领导人亲自接见还荣幸。

我乐不可支，正准备感谢钰时，耳边又传来清晰响亮的问候："老师好！"这声音来自浩然。只见个头略小的他，满脸涨得通红，生怕我听不见。浩然是智障生，能和同学交流，在老师面前却非常腼腆。他从不主动与老师说话，只当老师指定问他时，才心不甘情不愿地回答。即便上厕所，也要其他同学转达。

为了能让他直接和老师对话，我绞尽脑汁。比如上厕所，只有他自己亲自和我说"老师，我要上厕所"，我才让他去。刚开始他还是不开口，像一只受过惊吓的小白鼠，用祈求的眼神看着我。虽然我心中不忍，可是我知道如果他不迈出第一步，就永远不知道原来和老师说话是很简单的一件事情。为了锻炼他，我狠下心看向别处，非要让他自己说一遍，才肯放行，并奖励他小贴画来增强他的成功体验。训练了一段时间后，他能小声地表达自己要上厕所的意思了。

此后，我开始有意指导他主动向老师问好。这次钰给他作了榜样，他居然在钰跟我打招呼之后放开嗓子向我问好。这对他来说是多么的不容易，对我来说又是多么的珍贵啊！这让我相信：只要真心付出，石头都会被感化，何况是这些天使？感动的泪水肆意流淌。

我激动地说："浩然，你真棒，今天你和钰向老师问好，老师很开心。老师喜欢你们，为你们点赞！"同时竖起大拇指表示肯定。

钰听见浩然和我打招呼也非常激动，抹了抹我的泪水，说："老师，你说开心，怎么哭了？是不是我做错了？"

"乖孩子，这是开心的泪水啊，是老师为你们的进步而高兴！"

浩然终于迈出了第二步，我怎么能不高兴？看到他的进步，我觉得自己是这个世界上最幸福的人。

---

身为教师，我们必须善待每一个特殊的孩子，关爱他们不同的心灵世界。也许他们一学期也无法学会写字，不会叫一声"老师"……但当他们用天真的眼神看着你，当他们用纯真的微笑向你表达情感时，你会感到无限欣慰。与这些特殊的孩子共同成长，一步一个脚印，为他们每一个微小的进步而感动。

回首望去，特教路上尽是关爱与温情、奉献与真诚的交融。我愿把责任融入这些孩子们的成长之中，让他们带着自信、勇敢与希望去迎接新的人生。

（孙秀娟　山东省淄博市博山区特殊教育中心学校）

**点点思雨**

# 幸福始于让学生幸福

我所带的班是一个直升班,开学之前学校已经有了学生的准考证存根,存根上有学生的照片和其他信息。我用手机拍下了所有学生的准考证存根,并在开学之前反复记忆他们的照片和姓名,最终熟练到看照片就可以叫出学生的名字。

给学生一个惊喜的时刻终于来临了。

夏令营第一天,我早早地在教室门前等候着学生,每来一位,我都直呼其名。所有学生在听到自己被老师直呼姓名时,都流露出吃惊的表情。有的学生问:"老师,你怎么知道我的名字?""我会算命!"我故作神秘地回答。

学生带着满脸惊异走进教室。新生报到完毕,我又在教室里当着所有学生的面,一个一个叫出他们的名字。当叫出最后一名学生的名字时,教室里爆发出了热烈的掌声。当然,我没有向学生解释我为什么会知道他们的名字。

然后,我们开始了与众不同的自我介绍。除了介绍自己的基本信息之外,重点要介绍自己的优点,越多越好。有些学生有点害羞,不好意思。"自我介绍还有光夸自己的啊?""这样子会脸红的!"学生们七嘴八舌,各种不适应。但无论如何,自我介绍还是开始了。前面的几位同学显然没有放开,只说了几条自己的优点就匆匆坐下了,后面的同学逐渐进入了状态,在介绍自己的优点时虽说不是滔滔不绝,但也都列举了十几条。如"我是好人""我拾金不昧""我篮球打得好""我长得帅"等等,说得让周围的同学都脸红了。

自我介绍后,我让他们把自己刚刚说过的话,尤其是介绍优点的部分,原封不动地写下来,并告诉他们,我会把他们的话打印在他们的个人发展档案的第一页。这番话当然又换来了学生一片诧异的目光。

最后总结的时候,我举起他们写自己优点的一沓纸条,只说了一句话:"大家以后就靠自己的优点混高中了!"然后便潇洒地走出教室。身后的学生沸腾了。

进入高二,谈起高一夏令营的第一天,谈起那次自我介绍,不少学生都说,一开始便被班主任记住名字很高兴,觉得自己有归属感,自己在班主任眼中是真实的存在。这就等于承认了一个人是有价值的,由这种对其价值的承认会生出存在感、归属感和幸福感。学生觉得当时的那场自我介绍,也给他们带来了莫大的推动力。当众介绍甚至夸大自己的优点,就等于当众向别人许下承诺,因此,在高一整个学年,绝大多数学生都在遵守着自己的承诺,在学习和生活中处处展现自己的优点,并不断地完善自我。这些好的行为随着时间的推移,慢慢成了学生的习惯和惯性,伴随着他们一直进入了高二。

身为班主任的我,至今都在细细咀嚼因让学生幸福而带给自己的幸福。

---

**点点思雨**

教师的幸福始于学生的幸福,而教师又是学生幸福的播种者。从这个角度说,教师唯有播下幸福,才能传播幸福并收获幸福。对学生而言,被一位陌生的老师记住自己的名字,就如同自己的心灵被一双温暖的大手捧住,那是一种暖暖的幸福。教师应该不失时机地捕捉这种机会,把自己对学生那份真挚的关爱传播出去,传遍所有的学生,让那种暖暖的幸福感把所有学生凝聚到一起,凝聚到自己的周围,一起幸福愉悦地度过高中三年。

(陈立宝 山东省平度市第九中学)

## 笔尖上的快乐

工作以来,我一直保留着让学生写周记的习惯,内容、字数不限。每周看学生的周记是我的一大享受。

学生的周记内容五花八门,有爆料班级轶事的,有倾诉情感苦闷的,有求助学习方法的,有八卦社会新闻的,等等。每一篇周记我都真诚回复,现在想想,十几年下来,留在学生周记本上的文字已经不能以万来计算了,而我仍然乐此不疲。

小月是一个感情丰富的女生,她在周记里向我倾诉感情问题。我回复她:"爱情是奢侈品,不是必需品。没有物质基础的爱情是空中楼阁,你这个年龄的爱情是在春天摘了秋天的果实,味道青涩,并不甜蜜。"她告诉我这段话让她泪流满面,我说心悟了就值了。

小欣的父母闹别扭了,她很苦恼,在周记里向我诉苦。我回复她:"大人的世界你还未必看得透彻,要尊重父母的选择。作为孩子,最好的处理方式是爱他们,不倾斜。"后来,她的父母告诉我:"您的话让孩子豁然开朗,对我们家长也是一种启发。"

小玉的朋友很多,但却没有真正交心的。我告诉她:"友谊的花需要真诚浇灌,你只要保证自己付出真心就足够了。相信是你的知心朋友自然就会回应你以真诚,我们只要学会包容,自己问心无愧就好,不必太计较。"她说:"我明白了,我只在意别人的行为而忽略了自己的内心。"

小齐在周记上连载他原创的小说,我作为他的第一个也是唯一一个读者感到很荣幸。我在周记里和他交流我的感受,并提出自己的意见和建议,还鼓励他将作品发到网上去。后来他把小说发到了班级博客上,从而拥有了更多的读者。他为此感谢我的鼓励,我告诉他:"你的成就感就是我的成就感,老师和学生永远是同呼吸共命运的,我也感谢你带给我的荣耀。"

一个已经毕业在市政府上班的学生发短信给我:"付老师,在家收拾东西,发现了高中的周记本。三年足足有六大本,每一篇都有您红色的带着温度的批语,很温暖,谢谢您。这是我高中三年最大的财富。"这条短信我总会时不时地拿出来看看,每看一次,就会心潮澎湃一次。真的,自己的文字能够在学生的青春岁月留下印记,于我又何尝不是一种财富呢?

我想,周记带给我的不仅仅是解决学生的问题,给他们以帮助,更是"予人温暖,予己温暖"的陶醉。

> 我喜欢文字,喜欢沟通,每一次与学生的笔尖互动,都是我心灵净化的过程。那带着温度、带着诚意的文字在我和我的学生心间流淌,我们的心近了,感情深了,幸福在我心头荡漾。我会将这份热情和真情持续挥洒下去,我相信我会因此更加幸福。
>
> **点点思雨** (付 博 天津市南开区第四十三中学)

## 我收藏了学生的光阴

曾经一度喜爱整理班级日志，对我们师生每天记录的班级管理和生活的心得进行整理，整整集了六大本。

有天偶然翻开，见到一个熟悉的名字，是刚毕业的那个班的班长，心里一阵激动：她教师节来看我时，我把班级日志拿出来，读到了她的文章，和她一起畅谈过去的美好时光。当我问她有何感受时，她惊呼："老天，你竟然收藏了我的光阴！"我一怔，继而欣喜。原来我保存班级日志的同时，也保存了学生当时的心情，定格了学生生活中一个小小的瞬间。

我还收藏了谁的光阴？

打开抽屉，里面有一本小小的影集，影集里存着30多张我曾带过的班级同学的毕业照，有黑白的，有彩色的，四周压出花边，照片反面注明了名字、学号。重新打开时，照片上浅笑依旧，虽然有些学生现在不知身在何处，但照片上每一张年轻稚气的面孔，都是在过去的岁月中曾经与我亲密无间的学生。虽然批评过某些同学，和他们生过气，但最终留下的却是一段美好难忘的回忆。原来这些回忆一直在我身边呀。

那用橡皮筋扎起来的一摞信件，是2008届的一个学生写给我的信。她从大一一直写到大四，印了卡通图案的信纸上，每次都是正反两页密密麻麻地写满了清秀的小楷体，向我倾诉她的快乐与烦恼。说到女孩的小秘密时，她再三叮嘱我："老师，别告诉我妈哦。"这些信件，我像宝贝一样收着，再次打开来，字里行间跳动着她的端庄大方，那一段彩色的美好乐章，被我珍藏了多年。

客厅橱窗里摆放有不少去外地求学的学生假期回家时给我带回来的纪念品。六个或飞奔或驻足回望的唐三彩马俑，是我2003年在洛阳遇见，由党为民同学于大一寒假回家时帮我带回来的；那件客家围屋的模型，是2006年正就读于广东中山大学的吴志鹏同学，在游客家土楼时帮我购得的；那扇木制小屏风，是南京师范大学周新民同学去周庄时带来的；那个穿着紫色大摆裙，披着长发，戴着草帽的草编娃娃，是去年3月浙江大学的宋春燕同学，晚上逛宋城买的，她为了买这娃娃延误了归队，领队王姐找了她半天，她亲手把这个礼物交给我时，那激动的表情至今令我愧疚感激……抚摸着这些物件，每一个都代表着一地的文化风情，收藏着一连串快乐的师生往事。还有，还有一种印在记忆中的爱，时时暖在心头。

这样的画面还有好多，在光阴里积累着，历久弥新。想学生了，便会一样一样寻出来，理顺边角，抚平褶皱，笑一回，念一回，再安放于心。这一份珍藏，不用照片，无须文字或实物，只要深深的情感与无限的爱作为依托，便永存心田。

就这样，一天一天，我收藏着学生的光阴，收藏着光阴里的故事与真情。我就像阳光下的向日葵，渐渐籽粒饱满，沉实丰厚。

还有什么比这样的收藏更幸福、更美好呢？

---

**点点思雨**

课堂上听到学生琅琅的读书声，对我来说，如闻天籁；闲暇时，读到班级日志中学生优美跳跃的文字，更是带给我莫大的喜悦；甚或联欢会上飘来的一阵阵琴声，学生家长的一声真诚的问候，学生毕业时一个亲昵的拥抱，都会让我感动，让我觉得幸福。倾听学生感恩的话语，让我感受到教室里的脉脉温情；看到学生点点滴滴的进步，让我体味到教育的无限乐趣；牢记每一届毕业生灿烂的笑脸，让我享受到校园生活的无尽幸福。

（何　峥　天津市天津中学）

# 惜福、种福，让幸福流动

"小胡，你好有福气哦。"许多朋友和同事都会跟我说这句话。听得多了，我就问自己，幸运的我，怎么这么幸福呢？答案也许可以用简单的一句话概括：惜福、种福，让幸福流动。

惜福，用心感悟生活中的小幸福，感恩生活的一切馈赠。

早晨，走在校园的路上，老花匠踩着他破旧的三轮车，笑容灿烂地迎面冲我大声打招呼："胡老师好！"那一整天，我觉得很温暖。

某一天傍晚，我加班到六点半，饭堂只有残羹冷炙，厨师光叔一边唱歌，一边给我做炒鸡蛋，还把自己的工作餐——一条美味的鱼拿来与我分享，我觉得生活很美好。

当我生病的时候，家人、朋友的嘘寒问暖，家婆的营养汤水，无一不让我觉到温馨。

……

种福，就是要善待自己、善待他人，努力使我生命中遇见的人感到幸福。

善待自己，就是要珍惜自己的生命，为自己的生命增值。作为班主任，我们难免要承受来自学校、家长、学生、同事的压力。但外物不会因你而改变，唯有改变自己，积极面对，才能实现突围。因此，我放弃无谓的竞争，不纠缠烦琐的小事，给自己多留一点时间和空间，潜心去学习，努力增强自己的专业技能。慢慢地，默默努力的我开始崭露头角，获得了校十大"优秀青年教师""学习之星""杏坛之星"，镇"优秀班主任"，市"教学能手"等荣誉，为自己赢得了一点底气。

善待他人，就是要心存善念、真诚待人、关爱他人。当同事有困难的时候，乐于伸出援助之手；当学校有困难的时候，尽力帮助学校化解难题。比如，没有休完产假就回校上班，又总是带"差班"，这样的行为让我得到更多尊重。

　　善待他人，就是要珍视学生的生命和成长，努力做学生人生路上的"贵人"。张万祥老师说："班主任关注的是一个个鲜活的生命，是青少年的心灵，是宇宙万物最神圣、最神秘、最具活力的对象。"班主任的工作有价值、有特殊的魅力，要敢于坚守这平凡的教育岗位，怀一颗慈悲宽宏之心，努力打造一间充满希望、活力、幸福的教室，陪伴学生成长，在奉献自己、成就学生的同时实现自己的人生价值。

　　其实，最幸福的还是得到学生的心。去年教师节，我收到很多孩子写满真情的明信片，有个学生写道："很高兴高二那年我们意外地相遇，并能有你陪我走过人生最美的高三！不是在最美好最青春的高三有了你，而是有了你，才有了我们共同记忆的高三！有时候很佩服你与众不同的教学方式，那是我之前的老师所没有的。"有些明信片还画上了漂亮的图画和笑脸，在我的名字上贴上"皇冠"，真的很用心。

　　惜福、种福，让幸福流动、绵长！

---

　　作为班主任，我们常被烦琐的材料、检查、评比等事务缠身，一忙起来，可能会心烦气躁、忘记幸福的存在。其实，幸福常在，只是需要我们去用心体悟。我告诉自己：要把遇见的问题当作成长路途中的"资源"，把处理每一次困难当成对自己的修炼。换一种心境，多一分平和，就多一分幸福的可能。此外，还要踏实勤奋，努力增加自己职业幸福的资本。幸福是一种能量的流动，我们既要收获幸福也要懂得珍惜幸福，更要学会播撒幸福的种子，因为付出的人永远比较快乐。身为教师，学生对我们的理解、尊重，学生的成长是我们最大的幸福。

**点点思雨**

（胡春艳　广东省东莞市济川中学）

# 幸福像花儿一样

那年,我初出茅庐第一次带班,我班的学生包揽了包括陈省身奖学金在内的我校所有奖项,多名同学在市运动会中勇夺冠军,次次考试班级总成绩位列第一,年级前六名都花落我班。正当我觉得几年的努力终于得到回报的时候,校长说:"好好珍惜,有的老师一辈子都遇不到这样的好班。"细品这句话,让我黯然神伤,几年的努力似乎都只归于幸运。同事听了这话,也为我鸣不平,多年的辛苦他们看在眼里。有老教师感慨地说:"出头的椽子先烂,我真不想你成长得太快,树大招风。"

那时,我不知度过了多少不眠之夜,没人知道我为这第一次带班付出了多少努力。早在入职之初,各类关于班主任工作的书籍就占据了我的案头;为转化"差生"我日夜奔忙;为组织义工活动我放弃了周末休息的时间;为解决家庭困难学生的学费,我拿出了自己的工资……难道这些都只能掩藏在幸运两个字背后?我真有点泄气,不想干了。

一天,我因为心里不舒服借故请假,在阳光下看了一天的书,心情渐渐平静。这时,父亲邀我去钓鱼,我欣然前往。可一到钓鱼的地方我就萌生了回家的冲动,我对父亲说:"周围人的设备那么专业,咱们这也太业余了,人家该笑话咱们了,还是走吧!"父亲说:"我们来是钓鱼的,享受过程就好了,何必在乎别人说什么。"我终于明白父亲不单单是让我来钓鱼的。

安静钓鱼的过程中我思考了很多,这些年一路艰辛早已化作我宝贵的记忆,当年在青春困惑中的孩子们也已顺利走入了高中的校门。每每望着操场上孩子们整齐地做着操,回忆起他们刚进校时的样子,感悟他们的成长,想想他们的未来,我都感到没有什么能比帮助一个人成长更幸福，能成为他们青春的同路人是我的幸运。教师节，孩子们充满深情地给我写信，让我知道他们懂我，这不也是我身为人师的幸福吗？最后一次家长会时，家长们长时间站立鼓掌，让我知道我的工作是有情的。这一切都是我的幸福，又何必在意别人如何说呢？那天，爸爸钓了很多鱼，但收获最大的却是我。

许多人怕当班主任，几年来我却为当班主任放弃了许多做其他事情的机会。许多人不理解，有人为我觉得可惜，有人觉得我是年轻有毅力，还有人觉得我在乎的是班主任工作带给我的荣誉。其实，在我的心中幸福比优秀更重要。对于班主任岗位的坚守，不在于毅力也无关成就，而是守护孩子们成长的那份巨大的幸福感召唤我一路向前，沉浸其中就是沉浸在幸福中。我能体会陶渊明先生"但使愿无违"的真意。

如今我的愿望便是我所追求的幸福——守护更多的孩子走出青春的困惑，实现青春之志。

在追逐教育幸福的路上，我的脚步越来越坚定，我的心越来越淡定从容。我相信幸福正像花儿一样，在我的心田次第开放。

---

幸福比优秀更重要。教师长久的职业幸福感，并非来自荣誉与赞许。从事教师这份职业如同踏上一段旅程，最终的目的是把更多的孩子送到他们理想的彼岸。这段旅程中让我们铭记于心的是我们付出的艰辛，让我们感到幸福的是孩子们的成长。找到这种幸福感就找到了工作的动力，它让你执著于你所做的一切，不会因周遭的任何事而轻易放弃。当教育慢慢变成一种信仰，沉浸其中愈知其味。

**点点思雨**

（李　晶　天津市扶轮中学）

## 微公益带来的小幸福

每逢带班到中年级，总会遇到很多家长为了孩子作文起步难而犯愁。家长既没有帮助学生顺利起步的良方，又常常丢失了耐心，有时为缓解自己渴望孩子成功的焦虑，甚至不惜唇枪舌剑地指向孩子。周记便因此成为了很多家庭战争的"导火索"。

能不能针对作文起步这一难题做些微公益服务，让班级中乃至社会上更多的孩子受益呢？

一番斟酌后，我把目光聚焦在了微信公众号上。在体验过班级邮箱、班级博客之后，微信成为了现阶段我们班进行家校沟通的新的利器，它以快捷抵达手机的形式，成为了班级信息迅速传播的平台。

说干就干，我把多年积累的作文故事素材，通过微信公众号"冰冰老师作文教室"倾囊奉上，那是我曾经辅导家中小侄女起步作文时，边教边记录的几十篇作文故事。当日的随手反思，现在摇身一变，成了良好的教育资源。每周布置周记后，我随即在微信公众号上挂出一篇同名作文指导文章，邀请孩子和父母一起阅读其中的作文故事后，再开始写作。阅读后仍然感觉有困难的孩子，还可以邀请家长再讲一讲作文故事中提到的技法。

没想到，微信公众号一经亮相，很多家长纷纷反映，这送上门的"网络家教"，简单好懂，孩子爱看，看了会写。他们不仅给我热心点赞，还纷纷把这个公众号推荐给其他的朋友。一时间"粉丝爆棚"，这样的情形在极大程度上激励着我。当作文故事素材库存用完之后，我又开始以苗苗为主角，把作文指导方法融入文中，继续创编作文故事。我邀请了学生代表和网友妈妈们，召开了改进工作专题建议会。大家都来针对这样的网络讲堂的形式建言献策，萌生出了很多金点子。

现在，登录"冰冰老师作文教室"微信公众号，趣味横生的题目，二人对话式的作文故事，故事与范文相结合的格局，就是经网友家长和孩子们共同投票后保留下来的形式。除了作文讲堂，我还精选了很多让我深受启发的家庭教育经典文章，分享在公众号上，指导家长在每天的阅读中与孩子共同进步。

入夜，我一打开微信公众号的操作平台，就又"哗啦啦"地收到一堆信息，一位自称"着急妈妈"的网友发来信息："今天孩子写观察日记，按照你《约会小豆芽》一文中教的方法，足足写了五百字，自己还觉得不过瘾，还想写。听起孩子这样自言自语，无异于天籁之音。"

看到"着急妈妈"终于稳住了心，我不禁也笑了，这也许就是微公益给教师带来的小幸福吧！

---

一个为解决家庭作文指导难题而生的微公益平台，虽然让我的很多个周末都变得更加忙碌了，但它带来是基于网络平台开展班级特色建设的方向自信。短短一年时间，这个微信公众号已拥有了来自31个省市的近万名用户。2014年，《人民日报》评论版约稿刊登了"冰冰老师作文教室"文章《大手牵小手描绘梦想》，把这个小小的公益公众号推荐给了更多的人。

一份小小的公益事业，成为了家校沟通的纽带，勾起了教育人内心幸福的涟漪。

**点点思雨**

（田冰冰　重庆市巴蜀小学）

# 幸福比荣誉更重要

自从1996年进入学校工作，我就扎下身子，一干就是十几年。这期间，我取得了很大的成绩。第一次带毕业班，就把学校的政治成绩，从全区十五所重点中学倒数第一名提到了第四名。然而，那时的我丝毫没有觉得自己应得到什么荣誉，只觉得自己必须这样做，责无旁贷。

2003年，我接了一个最差的班，高考前学校给我们班定了三个重点本科的指标。说实在的，按当时的情况，考上一个本科都得使出吃奶的劲。困难面前，我没有退缩，我顶着沉重的压力，三年如一日，最终创造了11个学生超出二本线的奇迹！我本以为，当年"模范"的称号非我莫属。可谁知，事情却并不像我想象的那样。年终评定，名额被"暗箱操作"，连个"优秀"的虚名也没有给我，我的心情坏到了极点……我开始懈怠，有时间就织毛衣、看韩剧，剩余时间都用来休闲娱乐，不求上进。

可是，我天生不是个浪荡的人。2008年，我加入了学习共同体，找到了教育名师家园、全国班主任成长研究会、尖峰论坛等名师团队，我积极参与读书、研讨、反思、写作，我的文章不断在各级各类报刊上发表。我感觉自己重获新生，找到了生命的支点，在名师专家的引领下，我的心灵获得了巨大的提升。

我渐渐感悟到，生活还有另一番天地，一个超越于外物，不为荣誉所困的世界。在那里，你可以凭自己的真本事尽情驰骋，只要你有能力，你尽可以勇敢展示，无惧无畏！

有一年高考结束后，我患了突发性神经性耳聋，医生诊断说，这是过度消耗体力和精力所致……可是，即使这样我也没有得到公正、公平的评价和待遇……躺在病床上，我想，即便如此，我又能怎么办呢？我热爱我所从事的工作，热爱我的学生们，大环境我没有办法改变，只有面对。

擦干眼泪，我收拾好自己的心情，重新摆正航向，继续努力。我相信，世事自有公论。就这样，我的脚步越走越远，越走越坚定。我管理的班级，量化评比总是第一，成绩总是最好。终于，2011年高考后我获得校级模范教师的称号，紧接着，县级、市级，乃至全国优秀教师的荣誉接踵而至。

反思自己走过的艰辛历程，我重新得出结论：荣誉都是外在的表面的形式的东西，最重要的还是要增强自己的实力，不断地通过读书、学习来提升自己。虽然我们可能努力工作，也得不到领导的肯定，但只要自己内心充实快乐，就会感觉自己是真正幸福的人，而这才是最重要的。

> 荣誉、职称，这是身为教师的我们所应追求的人生目标吗？价值观不同的人，对此肯定会有不同的答案。如果我们的这些物质追求得到了满足呢？是不是就会觉得生活索然无味？其实，荣誉也好，职称也罢，都是外在的形式的东西，要想真正获得幸福，最重要的还是要愈挫愈勇，不断付出，不断创造，终有一天，硕果就会不请自来。只要我们能正确看待荣誉，正视自己，不以物喜，不以己悲，以书为友，以生为伴，我们的心灵就会充满阳光，幸福就会时刻围绕着我们。
>
> **点点思雨**
>
> （王英杰　河北省衡水市饶阳中学）

# 流泪也是幸福

我是一个比较感性的人，课堂上、讲学时，甚至和家长聊天、通电话，我都会流泪。有缘走进教育，细品泪水，竟发现流泪也是一种幸福。

**感恩的幸福泪**

说到我的成长历程，我常常潸然泪下。曾经年少无知，曾经自以为是，曾经以为自己懂教育，曾经以为自己懂学生，曾经以为自己的所言都是为了学生，曾经以为自己的所为都是真的教育……曾经犯了太多的错，但孩子们依然对我恭恭敬敬，甚至留恋、崇拜；曾经有过太多的不应该，学生和家长们却对我一次次包容……

于是，谈到我的成长，不能不说感谢。感谢学生，感谢家长，感谢他们的一路陪伴、一路宽容、一路理解、一路等待……我常常感觉，他们就像在对待一个"欠优生"，一直在静待花开。

所以，我流泪，是感恩的幸福泪。

**甜蜜的幸福泪**

班里有一个"失足"女孩小苗，年纪小胆子不小，每周都会从爸妈吧台抽屉里偷偷拿上千元钱，有的钱分给同学买书，有的钱发给大家当工钱也来过把老板瘾，有的钱吃了喝了。爸爸妈妈早就知道，但除了打骂没有任何办法，最后索性不管了。对于缺少关爱的孩子，打骂怎能奏效？

于是，我给她写信，和她谈心，对她委以重任，和她签订君子约定……一个学期以后，小苗的毛病慢慢改了，后来，小苗成了我的一名得力助手，语文成绩也从倒数一下子提到了前三名。

小苗在一封信中这样写道:"我的爸爸妈妈只知道赚钱、赚钱,他们不懂我,不理解我,只有徐老师关心我帮助我,您就是我的妈妈,我就叫您徐妈妈吧。"就这样,我成了小苗的妈妈。

所以,我流泪,是甜蜜的幸福泪。

**欣喜的幸福泪**

在郑立平老师的指导和帮助下,我创建了授田心语工作室,牵手近百位同路人一起走。

我忘不了大家每次研讨后,在电脑前依依不舍不忍离去;忘不了老师们不用督促自己到全国班主任群内学习交流。永文曾经跟着全国群研讨到深夜,吴华老师全国群的活动几乎每场必到;付秀萍老师不太说话,自己悄悄跑到全国群里听讲座;姗姗一次次把专家讲座资料上传供大家学习;老万时不时地给大家提供点投稿信息;洪艳把每次活动信息告知参与人员;王鑫默默地上传了许多聊天记录;惠娟一边打吊瓶一边参与视频会议;张鸿因为发了的博文无法显示彻夜难眠;李云霞、刘春晖两口子轮流看孩子听讲座……

大家为的是什么呢?参加活动有人给加班费吗?没有!不参加活动有人扣钱吗?没有!在这个团队必须付出吗?不是!但是这一群人,没有人只索取不付出,没有人吆喝苦、吆喝累,没有人抱怨,有的只是自发、自动、自觉,有的只是感动……

所以,我流泪,是欣喜的幸福泪。

---

**点点思雨**　教师的幸福是相似的,或许是为家长的付出而感恩,或许是为学生的成长而快乐,或许是为同事的同行而欣喜……教育是一本大书,你的教育故事由你自己来书写,是隽永是干瘪是精彩是枯燥,都由你自己说了算。当然,你是不是一位幸福的教师,也是你自己说了算。所以,选择了做教师,不如就势选择幸福,选择幸福地做教师,选择做一位幸福的教师。

[徐晓彤　山东省潍坊(上海)新纪元学校]

# 我的幸福密码

汽车在乡村公路上任劳任怨地向前奔驰，两道雪亮的光柱，割破了夜的沉寂。望着窗外黑魆魆的陌生世界，疲乏感一次次侵入心头。看看手机上的时间，已过了晚上十点。屈指算一下，从早晨六点乘车去重庆江北机场，到现在即将抵达浙江庆元，16个小时中，除了候机候车的四个小时，其余时间全在车上或飞机上。

这样的长途跋涉，是我自找的。评上了特级教师后，便发现自己身上的惰性越来越大，职业倦怠如春日的草，不知不觉间便长满了心头。这当然不是我渴望拥有的生活，我理想中的教育生活，应该由诗与思构成，我应该始终生活在充满理想光芒的教育幸福中。为了这"诗与思"，我申请加入了公益支教团队，利用节假日奔赴四面八方，去践行我的"体验幸福，点燃激情，服务成长，成就教师"的教育梦。

昨天，我在重庆涪陵，为400多位同行作《每一个生命都是奇迹》的主题讲座。我乐意采用站立的姿态，和同行们交流我的教育感悟。我希望同行们共同思考这样几个问题：我是谁？我能做些什么？我应该做些什么？因为只有不断地思考这些问题，才能让我们的灵魂不生一丝白发，才能让我们有资格去创造并享受当下教育的幸福。

明天，我将同浙江庆元的语文同行们共同探讨语文学科教学的若干问题。身为语文教师，课堂是我职业幸福的源泉。工作近30年，我从课堂上收获了太多的幸福，也感受到了太多的痛楚。这个"让我欢喜让我忧"的课堂，永远有挖掘不尽的财富。我真的乐于每天在课堂的宝库中发现我的快乐和幸福。

今天呢？今天这一整天，我都在奔波中。由涪陵至重庆，再由重庆飞往杭州，然后是杭州至丽水，丽水至庆元。数千里的路途中，看飞机舷窗下江山如画，山脉与河流浩浩荡荡"流淌"向远方，看大巴车窗外丘峦与平野交织,道路、村落与田园铺铺展展,候我到来,送我离去。于是,我便总有一种置身诗画间的愉悦,满脑子里,不断翻腾起各样的诗句或文章。

也许,我对幸福的理解过于肤浅。在我的生活词典中,幸福只有一个定义,那就是内心丰盈。一首诗,可以让我感受到丰盈;一本书,可以让我感到丰盈;一朵花,也可以让我感到丰盈。此外,一节自己满意的课,一件自己满意的事,一份愿意用心经营的情,无不构成我的幸福。像今天这样的行万里路,看万里风光,像昨天和明天那样的结天下友、抒教育情,更是一份必须预约的丰盈和幸福。

晚上十点半,大巴车拐过一片幽暗的村落,眼前光明忽现。万家灯火的小城,用闪耀的霓虹和整齐的楼房,热烈地迎候着我。下了车,偶然间一抬头,满天繁星一下撞痛了我的双眼,那一刻,一种新的幸福,油然而生。不见繁星,似乎已很久很久了。

> 我本庸人,向来无高远的人生理想。走上教师岗位后,既升不了官,又发不了财,幸福指数与他人相比似乎低了很多。但我善于自得其乐,善于在无趣中营造一点有趣,我的日子,也就因此有了许许多多的幸福:周日的早晨,饱饱地睡个懒觉,我感到幸福;冬日的上午,晒着太阳读点闲书,我感到幸福;把心中零散的感悟形成文字,发表在报刊上,我感到幸福;精心准备的一节课,达到了预期的教学效果,我感到幸福……我愿意享受这样的幸福,卑微却不卑怯,平庸却不低俗。这就是我的幸福密码。

**点点思雨**

(刘　祥　江苏省仪征中学)

# 薪火相传幸福连

学期伊始,新分来的教师晓兰是我过去的学生,她年轻干练,积极热情。领导看她是个好苗子,就让她当了班主任,并让我在工作中多帮帮她。

班主任工作光有热情是不够的。因经验欠缺,晓兰很快遇到了一些工作上的挫折:班里学生打架斗殴,午晚休吵吵闹闹,学习风气浮躁,班级总评也很落后,连家长也提出了不满。晓兰顿时像打蔫了的茄子,整天低着脑袋,干啥都没了精神。我就想抽空多开导开导她。

某周三午休时间,她刚好和我一块到学生宿舍值班,我们在走廊里交谈起来。晓兰向我倾诉了对班主任工作的许多困惑,甚至流露出了些许悔意。

我耐心对她说:"遇到困难要多想想解决的办法,不要光看消极面,要多往好处想。其实你班里的学生基础好,就是活泼点而已,只要好好引导疏通,你们班会赶上来的。"

晓兰听了我的话半信半疑,问道:"刘老师,您刚参加工作时也这样吗?"我认真地说:"那时我还不如你呢,天天被领导追着批,不骗你。"她若有所思地点了点头,似乎又充满了信心。

谈话后的下一个周一,晓兰上班路上骑电动车不慎滑倒,伤了腰,暂时无法动弹,只好跟领导请假在家里卧床休息。那周的周三值班时,就成了我一人在女生宿舍里巡查。这时,一个活泼的女生笑着过来说:"老师,我能用一下您的手机吗?"我说当然可以。平时经常有学生临时用我的手机跟家长联系,虽然次数不多,但我乐得满足他们的愿望。我顺手把手机给了她,然后走到一边去了。

手机拨通了,只听小女生关切地说道:"成老师,您好些了吗?咱班里同学们都惦记着您呢,我们都想死您了。您别着急,好好养伤，我们期盼着您早些回来跟我们在一起。"

原来她是在给班主任晓兰打电话。这一幕不禁使我想起了十年前的情景。

那一年我带晓兰这一级学生，在操场健身时右眼不幸被飞来的足球击中，暂时失明，被迫到省医院去治疗。在养病期间，我惊喜地收到了同事捎来的全班同学送给我的录音带。我永远记得录音机中播放的那些暖人的话语："刘老师，您快回来吧，我们等着您。""您不要着急，慢慢养病，好了我们还去打排球。""刘老师，我给您唱支歌吧。"……

当时我感动得泪流满面。如今，晓兰也因意外受伤得到了孩子们的殷殷问候，近来有些颓废的她会怎么想呢？

小女生把手机还给我后说声"谢谢"就去休息了。

很快，晓兰打通了我的手机，里面传来激动而又兴奋的啜泣声："刘老师，亲爱的老班，我想通了，我一定好好干。这几天我已经接到了十来个电话，学生我好感动，好幸福！"

哈哈，亲爱的晓兰，薪火相传已十年，真情流淌幸福满。有你这样的接班人，我很骄傲，也很幸福。

---

**点点思雨**

做班主任，如人在征途，有的因受不了辛劳而逃之夭夭，有的因过于枯燥而日久生厌，有的因急功近利而徒增烦恼。其实，教育的本质是人性的交流，是心灵的碰撞。当你敞开心扉、献出热情、付出心血之际，也就是你收获成功、感受快乐之时。学生那热切的眼神、亲切的问候、真诚的祝愿，无时不刻打动着你，温暖着你。如此数十年，怎能说不幸福？而当你看到人才辈出，后继有人，无数英才长大后又成了你，又怎能说不是更大的幸福？

（刘姿爽　山东省淄博市桓台二中）

# 长大后我就成了你

一所私立小学要做一期家长培训,请我去讲课。这所小学暑假前刚刚建成,今年是第一届招生,一共187名学生。这所刚刚备案的学校,校长是我的学生娟。

她说请我讲课要派车接我,我哪里肯?自己去,能为我的学生减轻负担。我是多么的骄傲啊!娟在门口迎接我,和我拥抱。20多年不见,扎着刷子辫的小姑娘长高了很多,但依然是那样的小巧。皱纹爬上了她的眼角,她目光坚定,指挥起来有条不紊,颇有大将风范,我实在看不出这是昔日那个身材瘦小的女孩。

那时的娟,个子小小的,总是坐在第一排,喜欢跟着我问问题,作业写得极为干净,听课也非常专心,但几次考试下来,分数与她的付出不成正比,这是一个认真但成绩一般的孩子。一次上课后,她又跟在我后面:"老师,你说我是不是很笨,我咋记不住呢?"我转头看到了她眼里的不安和渴望。我心里忽然一疼,这样一个想上进的孩子比谁都着急啊!于是我看着她的眼睛一字一句地说:"分数只代表你这部分内容没有掌握好,不说明你笨,你比我们班很多同学都勤奋,都认真,坚持下去,你一定会非常的出色!"记得当时她很激动,脸都红了,拉着我的胳膊说:"老师我一定坚持,一定坚持!"

我还沉浸在对过往的回忆里,娟已带我走入了她的童话世界。

令我惊讶的是,这所学校是她自己投资兴建的,校园不大,布置精巧,围绕厅廊的是绿树红花,一座三层教学楼颜色醒目,餐厅钢架结构,简单气派,餐桌洁白,室内无任何异味。宿舍装饰了孩子们的手工作品,干净温馨简朴。

她告诉我,初中毕业后,她复习了三年,几乎要放弃的时候,是我的话"坚持下去,你一定会非常的出色",让她最终考入了师范学校，成了一名小学教师。她说："老师，第一次上讲台，我想起了你，鼻子尖出汗的你，但满脸的阳光。"走在充满花香的校园中，我们都笑了。

之后她先是加盟了我们市里理念先进的早教中心，办起了高质量的幼儿园。后来她又看到很多家长外出打工，孩子由爷爷奶奶照顾，只做生活监护，难承教育之责，就萌生了办一个特色留守儿童小学的想法，给孩子健全的教育，弥补家长教育的缺失。她四处考察、借贷、搞基建、购置设备，选拔高水平管理人员和教师，现在有了良好的开局。她对学校的未来充满信心。

这次家长会非常隆重，也是我家教讲座中最为感动的一次，不是因为县里的领导、镇里的领导、教育局的领导都到了，而是因为校长是我的学生。

看着人群中身影娇小的她，我感慨，这就是当初那个仰着脸怯怯地问我"老师，你说我是不是很笨"的小女孩吗？远处飘来《长大后我就成了你》这首歌，真好！

---

**点点思雨**

谁能知道你努力后的模样？人生不设限，我庆幸自己在娟幼小的心灵里埋下了勤奋和坚持的种子，让这孩子能有今天的作为。如果我当时漫不经心地"嗯"一声，或者点点头，娟会怎么样？娟也许不是我最优秀的学生，但她在自己的起点上做出了有一定高度的事业，而这些都是我不敢做的。老师啊，我们真的应该小心翼翼，如履薄冰，也许我们的一句话，一个眼神就可以成就一个学生，或者毁了一个学生。这个故事再次提醒我们，学生是那么的无助，他们需要我们时时坚定的鼓励。

（牛胜荣　山东省菏泽市定陶县第二中学）

## 在乡村绽放自己的美丽

著名哲学家周国平说:"世上有多少个朝圣者,就有多少条朝圣路。每一条朝圣的路都是每一个朝圣者自己走出来的……只要你的确走在自己的朝圣路上,你其实并不孤独。"回眸24载教师之旅,欣喜之余,我常常陷入沉思:教育的对象是人,是一个个鲜活的生命体。真正的教育不仅是知识的丰富、智力的成长,还有情感的浸润、意志的磨砺、人格的完善、心灵的圆满,进而体验到一种精神上的幸福。

为了营造良好的班级秩序,我总是遵循"人人有事干,事事有人干"的管理理念,树立"我为人人,人人为我"的服务意识,建立一支高素质的管理队伍,构建一个科学合理、权责明确的班级管理体系。

为了铸造良好的育人环境,我总是依据"班级是我家,温馨你我他"的装扮原则,悬挂"让优秀成为习惯,让学习充满激情"的标语,征集班训、班歌、班徽,公开评选,隆重推出。

为了构建良好的课程文化,我积极推行每日晨诵、午读、暮省,背一首诗,读一篇文,写一篇随笔;倡导每年共读十本书,让每一位学子缔造生命的原色;设置电影课程,实施创新小策略——"表情监督员""生日月历卡""诗意作业本""德育故事库""班级牢骚会""事务竞标制""小诸葛创意奖",那些温馨的场面总会荡起心中幸福的涟漪。

2007年,我加入了"海拔五千新教育读书会":从《唐宋词十七讲》《人间词话》等语文本体性知识著作,到《成功无捷径》《爱心与教育》等班级管理著作,到《给教师的建议》《静悄悄的革命》等教育理论著作,再到《儿童的人格教育》《童话人格》等心理学著作,以及《苏菲的世界》《中国哲学史》等哲学著作……孤灯下,百万字的海量阅读丰厚了每一个深夜,一本本密密麻麻的读书笔记深邃了每一夜的星空，一篇篇教学反思、教育案例吻醒了每一个黎明。

在日常生活中，我更是以一种等待花开的心态精心构筑生命润泽的教室。楠上学期染上了吸烟的劣习，并使班级痛失37分，很多老师私下里不看好他，但我没有放弃，总是不厌其烦，去感化，去倾听，去陪伴他成长。暑假里他给我留言："老师，我想你了，白天想，夜里也想，新学期我一定不会辜负你的期望。"梦是一个带着助听器的自卑的小女孩，宇总不能与同学友好相处，凯从不写作文……我特别关注这些孩子的身心健康，与他们的家长协商，实施一系列措施，帮他们踏上自信自立的快车道。

我深知真正的爱是智慧之爱，是基于尊重之爱，是以孩子喜欢的方式去爱。每到学期末，孩子们最为期待而又将之视为珍宝的礼物便是我为他们写的期末颁奖词。

24年过去了，我怀着一颗虔诚的心，沉静下来做一个朝圣者，在班级管理领域中感受坚守的幸福，在乡村中绽放自己的美丽。

---

教育是慢的艺术，用一种闲情逸致的心情等待花开，不急不躁才会绽放芬芳。

当了教师，其实就注定了一辈子平平凡凡、默默无闻、为人作嫁，但当一个个鲜活的生命，因为你的一个微笑，一句轻语，一次抚摩，而拥有了一生的希望，缔造出一个完美的人生，于为人师者而言，足矣！

茫茫人海，悠悠古今，给自己一条冷板凳吧！耐得住寂寞，忍得住孤独，看淡名利，远离浮华，守住自己最初的梦想，守住创造的激情，守住灵魂深处的宁静，此乃师者幸福之境也！

（张爱敏　河南省新乡市长垣县樊相镇中心学校）

**点点思雨**

# 孤寂中的幸福

当年我师范毕业，怀着对教师职业的无限憧憬，踏上了从教的征程。可万万没有想到，我被分配到当时我们县里最偏僻的一个乡镇里最偏僻的村小。那可是一个前不挨村，后不着店的地方啊！当我和陪同我去学校报到的父亲坐了几个小时的汽车，再腿脚酸软地爬了好几个钟头的山坡来到学校时，那农家小院似的校舍、简陋的教室、参差朽烂的课桌，让我顿时傻眼了。这就是学校？这就是我师范三年梦寐以求的地方？这就是我的未来和希望？眼前的景象，让我的眼泪格外不听话，直向外涌。

天啊，我该怎么办？我真想提起行李往回走，可面对着家长们热情的欢迎，孩子们渴求的眼睛，再加上陪我一同前来的父亲的劝说，我止住了脚步。读师范时老师的教诲也响彻耳际："爱岗敬业，教书育人是我们的天职，无私奉献是老师的精神；扎根乡村教育，是我们师范生的职业方向。"就这样，我在这里待了下来。

善良的乡亲们给我送来了米粮、蔬菜，朴实的孩子们给我背来了柴火，日子虽过得很清苦，心里倒也觉得甜甜的。白天，和淳朴可爱的孩子们在一起上课、玩耍，倒也快乐，可一到晚上，独自坐在昏暗的油灯下，我不免心生寂寞。为了打发那孤寂的夜晚，我批改完学生作业，就拼命地读书。我把自己带来的师范课本拿出来，不厌其烦地读。在那偏僻的村小里，书籍伴我度过了一个又一个夜晚，虽无欢歌笑语，却也自有一番快乐。

就这样，我养成了好静的性格，也因此喜欢上了读书。调回老家所在地的学校后，为了更好地读书，我省吃俭用，买了一台电脑，开通了网络。平时，其他人在业余时间出入茶馆、酒楼或外出钓鱼、游玩的时候，我却喜欢独自坐在家里读书看报，上网学习，坚持教育写作和研究。那时,成长论坛、教育在线论坛、各地的教育网等是我经常去的"家";郑杰、李镇西、王晓春、窦桂梅等名师的作品,成了我的精神食粮。我先后在《中国教师报》《中国教育报》《四川教育》等30多家教育报刊上发表教育教学心得近400篇,参与编写并出版了《教师的自省》《教师不跪着成长》等十本教育类书籍,也因此获得了不少荣誉。

  回顾那段乡村教育工作经历,在别人眼里,我是孤寂的——别人外出游玩时,我独自在家里看书;别人聊天休息时,我在凝神思考;别人打牌娱乐时,我在潜心写作;别人熄灯就寝时,我还在和论坛朋友交流……但为了实现心中的教育梦想,我这个孤寂的草根读书人,也有自己的快乐和幸福。

---

  说实话,那些和我当年一样生活在偏僻的乡村学校的教师,受地域和工作条件的限制,绝大多数时间被封闭在校园内,局限在教室、办公室、宿舍这三点一线之中。他们远离了城市的繁华与喧嚣,他们赶不上时代的时尚潮流。在别人眼里,他们是孤寂的,很多时候他们自己也不免感到孤寂。但为了那些乡村的孩子们,为了那份教师的天职,他们仍然执著于自己心仪的草根教育。在他们看似孤寂的心灵中,有着他们自身才能体会到的独特的幸福感。

**点点思雨**

(钟乐江　四川省广安市教育局)

# 教育人生因奉献而幸福

当班主任将近20年了,每天起早贪黑,任劳任怨,不为名利,呕心沥血。有人很不理解:"刘老师,你工作这么辛苦,待遇这样低微,你难道不感到苦吗?"我笑笑:"教育人生最幸福的事莫过于无私奉献。"

说实话,当初刚进入教育战线时,我也曾经苦恼过,甚至想到过逃离。个人的工资刚够温饱,父母垂垂老矣,儿女嗷嗷待哺,班级问题百出,我觉得自己的教育人生确实是一大失败。在我情绪低迷,甚至自暴自弃的时候,全国著名班主任郑学志老师对我说:"衡量我们的人生到底幸不幸福,物质是第二位的,第一位的应该是精神的富足。"

是啊,物质的东西生不带来,死不带去。古人说得好:"纵有良田万顷,不过日食三斗;纵有广厦万间,不过夜宿一床。"既然如此,我又何必为了那些用不上的东西,把一辈子的宝贵时光都搭上呢?我需要对自己的教育人生重新定位。

此后,我好似变了一个人。我认认真真地备课、上课,我扎扎实实地做教改、教研,我不厌其烦地做"差生"的思想转化工作,我不辞辛劳地为学生课后补习……

我的青春年华在平凡的奉献中流逝。我尽情游弋在教育事业的大海中,我将这样的工作状态当成一种教育人自然的生存状态。我相信,天道酬勤。

我的付出没有白费。我渐渐发现,班级学生对我越发敬重了,家长们跟我交谈也客气起来,同行们开始改变对我的看法:"想不到,以前那样懒散的他竟变得这样敬业。"最具有说服力的是班风的改善和班级学生学业成绩的提升。

此后的很长时间内，我似乎成了学校的明星班主任，班级学生学业成绩遥遥领先于平行班。2010年中考，我们班级79个学生竟然全部升入了省级重点高中，全县选尖考试状元也出在我们班级。这一成绩的取得，对于我们这样学生人数众多的大班来说，对于我们这样生源极差的农村中学来说，简直是不可思议的。家长的感激、学生的钦敬、社会的认可、同行的艳羡，都扑面而来，幸福感从我的心底油然而生。

每年的教师节，天南海北的学生总会以各种各样的形式表达对我这位曾经的班主任的热爱和感激。距离近的，总会来到我的家中，向我嘘寒问暖；距离远的，或是打电话，或是发短信，或是发QQ，或是发微信，真诚地向我问好，祝福我的教育事业长青。这样的祝福，这样的问候，不带半点功利，是他们发自内心地对我这样一位极普通的班主任人格的敬重。

还有什么比一个班主任奉献后的收获更快乐的呢？

> 我们从事教育工作，不只是为了个人的生存和自我价值的实现，还要为他人服务，为社会贡献力量。为自己是人的本能，为他人是一种高尚的人生境界。教师职业从根本上是一种为他人的职业。我们"捧着一颗心来，不带半根草去"，培养了千千万万的学生，服务于千千万万个家庭，为祖国培养了一批批的社会主义建设者。这正是教师奉献精神的真实写照，也是教师幸福最根本的来源。只有真正奉献了的教师，才能品味到最深沉、最醇厚的教育幸福。
>
> （刘坚新　湖南省邵阳县五峰铺镇六里桥中学）

点点思雨

## 幸福是一种灵魂的香味

2012年春节过后的一个傍晚，在山东师范大学读大四的小萌打电话来说："老师，我马上就要毕业了，想跟您实习一个月。"当我听到这个消息时，一种从未有过的自豪感和幸福感油然而生。我激动地对正在吃饭的家人说："当年的班长要跟我实习了，说明本人的教育教学对学生影响很大呀！"一家人为我能引领自己的学生做教育而高兴。

开学后不久，小萌如愿以偿地又一次做了我的学生。有时候，幸福来了，挡都挡不住。就在她开始实习的第五天，即将从山东师范大学毕业的小娜的妈妈打来电话："邢老师，小娜正准备到一所高中应聘，想让她跟您实习一周，麻烦您给予她指导。"

前几年所带的实习生都是学校安排的，现在两个得意弟子同时主动来到我的身边，我既惊喜又忧虑。一个老师一次带两个实习生，这在学校还没有过，我马上向领导汇报，校长欣然同意，说这是我的幸福，学校的荣耀，并鼓励两个孩子珍惜机会，好好实践学习。

其实，每年正月初八，这些毕业多年的孩子都会带点小礼物来看望我。

小萌和小娜曾多次和我谈起："老师，我们之所以选择这个专业，是受了您的影响。"

"为什么呢？"这是多年来一直困惑我的问题。

"您的责任，您的爱心，您的人格魅力，您从心底发出的那种人性的芬芳。"听着孩子们的回答，我深深感到教师的道德水准对下一代的重大影响，更感受到能影响到学生的人生选择的幸福！

小萌是我班原来的班长，内秀又有一种特殊的气质；漂亮温柔的小娜是当时级部成绩前两名的学生，是我班的学习委员。初中毕业那年，在"我的人生目标"一栏中，有三分之一的学生志愿当一名光荣的人民教师，她们也在其中。她们初中毕业双双考入市重点高中，三年后，她们报考了师范院校的英语专业，实现了她们的美好梦想。没想到，七年后，我们在同一个讲台上做着我们共同喜欢的教育事业。

"小娜，课堂上微笑着面对学生，这会给学生自信、温暖和力量。这样你的课堂会轻松愉快。"

"老师，我喜欢您的'让学生在活动中自主教育、自我成长'的教育理念。"

……

那段时间，我们共同学习，认真研讨，互相听课，提出问题，反复演练；我们也跟操锻炼，共同策划班级活动，耐心和学生谈心，迎着春风漫步操场，探讨教育，谈论人生。我吸取着她们身上散发的精神活力，工作热情不减当年。老师们都羡慕地说："你现在是导师了，有两位得力助手围在身边，多幸福呀！"

徐特立先生曾说："教书是一件很愉快的事业，你越教就越爱自己的事业。当你看到教出的学生一批批走向生活，为社会做出贡献时，你会多么高兴呀！"是呀，看着自己的得意弟子也成为默默耕耘的教师，看到教育战线上增添了新生力量，看到自己对教育事业的爱已经散发着香气传给年轻一代，这种幸福只有亲身体验过的人才能感受到呀！

**点点思雨**

幸福源于心境，心境源于自身。作为普通的人民教师，虽然我们没有"财源茂盛达三江"，但我们有"桃李缤纷满天下"。

感谢上苍赐予我这个神圣的职业，让我享受心灵碰撞、传递教育的幸福。只要我们做着种子一样的梦，坚守教育这份信念，带着对生命的责任和对事业的敬畏，就会为更多的学生、为教育打造一片灿烂的风景。这就是我们人生最大的幸福。

（邢玉华　山东省淄博市周村区第三中学）

# 第二辑
## 幸福于专业成长，拥抱未来

\* 也许我们无力改变生存的大环境，却完全可以主宰自己的灵魂。幸福其实就在一念之间，它不过是心中的一种感觉，但这种感觉真的很奇妙，它与金钱无关，与所处的环境无关，只要你的心足够大，只要你的心田盛开着鲜花，哪里都是春天。

\* 按照马斯洛的需求层次理论，追求成长是自我实现的需要，是打开幸福大门的金钥匙。追求成长，不是一种感觉，而是一种状态，更是一种人生经历，是在与幸福牵手。行走在追求专业成长的快车道上，虽然有些辛苦，但获得专业成长的那种体验，却是快乐幸福的。

## 卫生间里的圆梦之旅

有人说：幸福其实就是一种感觉，与贫富无关。我深以为然。

结婚的最初几年，因为经济条件不好，买不起房子，一家三口只好蜗居在先生的单身宿舍里。宿舍总共不过20平方米，好在有独立的厨房、卫生间，对于物质要求并不高的我也还算满意，这毕竟是我们自己的家啊！我和先生一起拾掇，用一个挂衣橱将唯一的一间房分隔成一个卧室和一个餐厅。墙上贴些风景画，换上温馨的粉红色窗帘，厨房、卫生间的瓷砖被擦得铮亮，年幼的女儿在屋里蹦蹦跳跳，咿咿呀呀，欢笑其间，小小蜗居顿时弥漫着家的味道，真好！

我的心中一直有个未竟的梦想：在大学的伊甸园里漫步读书。可由于当初家境贫寒，面朝黄土背朝天的父母都希望我尽快参加工作，以减轻家庭负担，于是我只好报考了中专，读起了国家贴钱的师范专业。虽心有不甘，可我也理解家里的难处，周边像我这么大的农村孩子，很多都已经外出务工赚钱养家了，我能有书读已是万幸。后来虽然工作了，我却依然忘不了最初的梦想。既然在大学校园读书漫步已成为遥不可及的幻梦，但成为一名本科毕业生总还是有希望的。

从师范毕业，我便报名参加了全国高等教育自学考试，通过三年的苦读拿下了安徽师范大学汉语言文学专科的文凭，记得最后一次考试还是挺着大肚子参加的。不过我要的是本科文凭，现实离我的梦想还有一步之遥，因为我从心底认为，至少拿到本科文凭才能算得上是真正的大学生。

坐完月子不久，我又捧上了本科的书。房子小，孩子小，给我出了一道不小的难题。白天忙工作、带孩子，晚上有先生回家照看孩子，我就想静下心来看看书。可是家只有巴掌大的地儿，孩子小爱吵闹，可咋办？这可难不倒我，老公有时带着女儿上街玩，有时就在餐厅教孩子认字做游戏，我则搬上一张高背椅子到了不足一平方米的卫生间，厨房和卫生间的两道门一关上，女儿再怎么吵闹也就听不真切了。每天晚上我就待在卫生间，椅子做桌，马桶为凳，一书在手，刻苦攻读，怡然自得。书香和厕所的臭气混合成了一种很奇特的味道，竟也没觉着有啥不合适。老公有时带孩子出去玩，回家就会带点臭豆腐、炸年糕之类的小吃背着女儿偷偷犒劳我。尽管知道那些东西不卫生，可我还是吃得津津有味。吃完了溜出来逗弄一会儿女儿，正好可以缓解一下紧张疲劳的神经，然后"躲进小楼成一统"，接着奋战。

就这样在厕所度过了近两年的苦读光景，我顺利拿下了本科文凭。当捧着有金红色的安徽师范大学签印的"春华秋实"字样的本科毕业证书时，我心里不禁乐滋滋地想：像我这样在厕所里熏陶出来的"大学生"普天下也没几个吧？

那一刻，幸福溢满心间。

---

只要心中有梦想，有追求，无论身处何地、何境，哪怕是浊气充盈的卫生间，你也一样可以想办法达成夙愿，一样可以活得芬芳四溢。有时我们抱怨是物质的匮乏裹挟了我们前行的脚步，殊不知问题的根源存在于自己的内心。也许我们无力改变生存的大环境，却完全可以主宰自己的灵魂。幸福其实就在一念之间，它不过是心中的一种感觉，但这种感觉真的很奇妙，它与金钱无关，与所处的环境无关，只要你的心足够大，只要你的心田盛开着鲜花，哪里都是春天。

**点点思雨**

（纪继兰　安徽省安庆市怀宁县独秀小学）

# 享受有情趣的教育

　　享受教育，做情趣高雅的现代教师，一直是我的教育追求。

　　几年前，我离开山村来到城里教书。起初总以为城里工作条件好，收入高，生活一定会快乐无比。现实告诉我，我错了，人才济济的都市，竞争异常激烈。这里任务重，压力大，我整日埋头苦干，即便晚上睡觉了，也总觉得似有一只猎狗在紧追着我。每每深夜回家，家人都睡了，我只能亲吻心爱的孩子一口。而当我清晨出门，家人还在睡梦中，我只能在心底默念一声："我爱你们！"更让我伤心的是学校开展"我最喜爱的老师"评比，学生们竟然让我"名居榜尾"。我有些气，因为我觉得自己对学生投入了全部的爱心，对工作也很敬业。

　　气愤归气愤，我最终还是虚心向一位人气颇高的同事请教了个中缘由。他说：你最好在教书之外，还能拿出一项让学生佩服的特长来，这样你就会感到生活的快乐。你快乐了，心态就会变，学生自然就会喜欢你。

　　哦，我想起来了。那位同事羽毛球打得好，我时常看见他与同学们一起交流球技。

　　我事后反思：我有什么特长呢？一时不禁惭愧万分，琴棋书画我一样不精。思来想去只觉得自己的写作基础还算可以。那就将这个特长发挥出来吧。于是我写下了第一首诗——《别怕，我是老师》：

　　孩子，我不知道为什么，轻轻地，我走近你，你却远远地躲开/孩子，我不知道为什么，暖暖地，我抚着你的头，你却要将我逃避/孩子，别怕，我是老师。请你告诉我，这究竟是为什么/把你的心给我，让我弯下腰与你说话/情感的闸门打开，那便是爱的激流/孩子，我错了，我不该在你倒计时的时候，抢着布置几道难题/孩子，我错了，我不该在你急着去排队的时候，滔滔不绝地把语法讲授／孩子，我知道你喜欢超女，喜欢 NBA，喜欢哼我听不懂的歌曲／孩子，我会努力地改变自己，让你的成长幸福，让你的青春美丽，你的笑容是我人生最大的慰藉……

就是这一首短小的诗，改变了我的生活。一个月后我便成为了受学生欢迎的老师，我的生活也从此变得丰富多彩。

我开始读书写作，时间一长，竟然发现读书写作已全然成为我生活中不可割舍的一部分。白天，繁忙的工作让我疲惫，而夜晚灯下静静的阅读，还有提笔时的那一种心境又让我忘记了疲劳。从此，无论工作有多忙，我都会"偷"得一份闲心去享受生活，让身心得到解放。改完作业，出去打会儿球；只要学校举办活动，不管歌唱得是否动听，不管舞跳得是否出众，我都会毫不犹豫地报名参加；周末我会带家人出去疯狂一回，或去歌厅高歌一曲，或去乡村来一次远足……

我惊讶地发现，悄然间我已经开始享受教育的幸福了。"你幸福，你的学生也就幸福！"这便是我的"凡人名言"。

> 细细想来，是什么改变了我的生活？答案是情趣。情趣就是指我们对精神生活的追求，对生命快乐的感知。通俗地说就是指一个人的兴趣和爱好。我欣赏这样一句话：不具有良好生活情趣的教师，即使再"专业化"也无法成为大师，正如干瘪的藤蔓上收获不了肥硕的果实。
>
> 愿与天下教师共勉：我们有蜡烛的精神，但我们却不能仅仅做一只燃烧自己的蜡烛；相反我们要做一盏节能灯，既给别人带来光明，也给自己带来温暖和快乐。为此，请做有生活情趣的教师。
>
> **点点思雨**
>
> （李爱群　湖北省宜昌市金东方学校初中部）

# 幸福尽在学习与反思中

曾几何时，我深陷应试教育泥淖中，不能自拔。为了取得"好成绩"，我摒弃生动有趣的教法，放弃需要费些心思的民主管理，直接使用"灌""逼"的方式，以期在短期内获得更大的效益。

殊不知，却适得其反。我与学生的关系因此而变得紧张，并不时发生摩擦，教学成绩也不断下滑。我只好进一步加大"逼"的力度，结果形成恶性循环。不断加剧的师生对抗，让我身心俱疲。焦虑攫住了我，失眠成了我的常客。这时的我，就像困在茧中的蛹，失落而痛苦。

如何才能破茧成蝶，幸福地栖居于教育的百花园中？我开始反思自己的教育行为。

一个偶然的机会，我进入了班主任之友教育论坛。在论坛名师的影响下，我找到了破茧的方法，即潜心学习、深刻反思，使自己在专业上不断成长。通过学习与反思，我明白了造成我痛苦的根源是根底太浅。一位深受学生欢迎的教师，必定有其独到之处，或学养丰厚，风趣幽默；或循循善诱，深入灵魂；或课堂高效，点拨得法……这些，我一样也不具备，却在兢兢业业地"整"学生。如此教育，岂能幸福？

明白上述道理，我开始了真正的学习。几年下来，我除了把学生们必背的课文背得滚瓜烂熟之外，还熟读了《论语》《大学》《中庸》《孟子》《唐诗鉴赏辞典》《孙子兵法》等国学经典，并大量涉猎教育学、心理学和班级管理等方面的理论书籍，坚持读、写、用结合。这样做的结果是"腹有诗书气自华"。我的教学语言不再"板腔化"，而是引经据典、幽默风趣，学生们开始用"有才""幽默"等词来评价我，他们开始爱上我的课，课间也乐意跟我打趣、闲聊了。

渐渐地，融洽的师生情氤氲在我们的周围，幸福的涟漪悄悄地荡漾在我的心间。

在班级管理方面，我的痼疾实在太多。刚开始反思的那一年，我虽竭力运用现代化的管理理念，让学生们自主管理，言行中却仍摆脱不了专制、霸道。民主意识已经被唤醒的学生对我的做法极为反感，与我的摩擦不减反增，那份尴尬与痛苦真是难以言表！但我知道，勇敢地剖析自我，坚决地纠正错误，努力地在专业上获得成长，从而赢得学生的理解与敬重，是获得教育幸福的重要途径。因此，我仍坚持学习与反思，用日记、随笔记录自己的成长。

通过不懈努力，我管理的班级开始变得美丽了，班级文化，精彩入心；班干团队，精干敬业；班级制度，精美贴心；班级氛围，民主进取。这样的变化，常常让我陶醉。探索的步伐，也迈得更为坚定。

一路荆棘，一路坎坷。但我相信，走过黑暗的黎明，迎来的，定是那美丽的曙光！如今，我在运用班级自主化管理和高效课堂教学理念方面都渐入佳境，幸福也常常不期而至。

---

上帝只救自救的人。当你遇到困难的时候，不要指望别人帮你脱困，能救你的只有你自己，而学习、反思则是脱困的重要途径。抱怨、等待、不学无术，将会使自己在空虚、痛苦的泥淖中越陷越深。教无止境，教师应把教育中存在的问题作为科研课题进行深入研究，同时积极汲取人类文明的精华，学习名师的先进经验，采纳教育科研的成果，并通过实践、反思内化为自己的东西。

只有当我们变成知识渊博、精神强大、深谙教育艺术的老师时，才能够品味到幸福的滋味。

（李志华　湖南省衡阳市湘南实验中学）

# 享受专业成长的幸福与快乐

2013年寒假,闲来无事,捧起雷夫的《第56号教室的奇迹》细细研读,竟经历了一场心灵的洗礼。雷夫,一个普普通通的小学老师,20年如一日坚守在第56号教室,用赤诚的心全身心地爱着他的学生。他的教育方法简单而有效,独特而美好,用比"威严"更有效的武器——信任,创造了教育的奇迹,实现了理论和实践的完美结合。

读书的过程幸福而美妙。温暖的午后,阳光透过窗棂照进来,闲适地或坐或卧,任凭书中的文字敲打灵魂。时而抿一口香茗,静静地感悟文字里蕴涵的道理和哲思,唤醒内心渴望专业成长的细胞和灵魂。

接下来的日子,我开始畅游书籍的海洋,在常丽华的《教室,在书信中飞翔》中又找到一份份惊喜和感动。常老师用"中澳两地书"的形式,与学生进行书信交往。一封封饱含深情的书信,把孩子变成热爱学习的天使。我细细研读,感悟着常老师和她的学生们创造的幸福,也渴望通过自己的努力,为学生创造一间属于我们的幸福教室。

从此,案头落满灰尘的一本本教育书籍成为我的精神伴侣。张万祥、郑学志老师的教育书籍成为我的最爱,我如饥似渴地阅读,不断给自己增加新的读书内容;遇到无书时,网络就成为我学习的好去处。

读书开启并充实了我的幸福教育人生,从此,我的教育视野逐渐开放,教育实践更趋向科学和专业。

写作是水到渠成的,当阅读达到一定的限度,书籍中的一个个文字就会经常在眼前跳跃,特别是深夜时分,这些犹如音符般在我的眼前闪烁,仿佛在等待我将其构思成美妙的乐曲。于是,我把教育教学中的故事用文字书写下来。2009年至今,我坚持书写博文,记录精彩瞬间和哲思妙语，有些自我感觉良好，便精心修改和整理，悄悄投进一些教育杂志的邮箱。近年来，我先后在《班主任之友》《新课程研究》《河北教育》《教师博览》等核心刊物发表十余篇豆腐块。这些文章发表时的那份喜悦无以言表，我一遍遍地把文章读给老公听，让他分享我的喜悦和幸福。

之后，我的创作欲望更强了。每天晚上，我在台灯下学习到十点；白天，教育教学工作之余也忙着写点文章。同时，我和很多文学爱好者一样，在教育论坛开设专帖，书写自己的幸福教育人生。

伴随读书与写作的，是我专业成长后的教育实践，我努力创设一间属于我和孩子们的幸福教室，让他们成为学习的主人。我知道，雷夫那间"无恐怖教室"正在我的班级形成，从窗口飞出的歌声和笑声，就像一串流动的幸福音符，告诫我教育是一份爱的事业，在学生的心田播种希望和快乐，你就会成为一名幸福快乐的专业教师。

---

爱默生曾说："人生最高的奖赏和最大的幸运产生于某种执著的追求，人们在追求中找到自己的工作与幸福。"的确如此，教师的专业成长就是执著追求幸福的过程，它离不开读书与写作，就像鸟儿离不开双翼。通过阅读，可以仰望思想的星空，甜蜜地吸收与借鉴；通过写作，可以搭建理想的阶梯，幸福地实践与运用。教师若想享受专业成长的幸福与快乐，就一定要梳理读书与写作的双翼，待羽翼丰满，方能展翅高飞，成为有专业素养的领头雁。

（陈艳华　河北省秦皇岛市经济技术开发区第一中学）

**点点思雨**

# 第一次，永远定格在心间

晚上QQ群里有朋友发来消息：

《班主任》2010年第8期《遇到教育观念偏激的家长怎么办？》用稿名单：

杜爱华　山东省沂源县实验中学
刘　霄　山东省沂源县南麻中学
高莉莉　黑龙江省虎林市第一小学
……

点击，查看。当那个熟悉的名字映入眼帘时，毫不夸张地说，我的心差点跳出来，居然是我的名字——高莉莉。难以置信之时，马上在群里发了消息：有我？我没有看错吧？发完后，又特别后悔，万一看错了怎么办，多丢人！于是又将刚才的群消息翻出来，仔细地查看了一番。这一次才敢肯定：没错的，姓名、地址都是我的。兴奋，激动，大叫。手捧着的上网本差点在忘乎所以之时被抛出去。这可是我第一次在《班主任》杂志上发表文章，而这一直是我梦寐以求，心向往之的。

这种感觉，让我想起自己的拙笔《利用阅读引导课堂问答小方法》第一次发表在《黑龙江教育》时的情景，我至今还会被自己当时的心情感染。还记得，收到样刊的那天，我为自己写下了这样的文字：

一个上午，我收到了两份惊喜：一是自己的文字第一次发表在《黑龙江教育》上；二是《语文教学与研究》的编辑打电话来约稿。现在想来，嘴角还是翘着的呢！一早，拿到了《黑龙江教育》2010年第1期，苦苦地寻觅着自己的名字，终于在"百花园"里看到了自己的一篇清秀小文。一个人坐在办公室里静静地看着，偷偷地笑着，没有人知道我在笑什么，那份喜悦充满了整个心房，那种兴奋致使我心跳加速，那满满的幸福甜甜地拥抱着我……那一刻我才真正地感受到张万祥老师所说的：当文字变成铅字时，会生发出幸福！是的，会生发出幸福。这是我的第一篇发表作品，500字左右，虽然短小，但却是我生命中最灿烂的一束阳光，它令我欣喜若狂，它让我沉醉如痴，它让我感受到了文字的魅力与美好。

对于文字，我喜欢，更敬畏。一直都认为，文字是有灵性的，方正而不失优雅，神秘而富有个性。所以我不肯花版面费去发表文章，一直固执地坚持着。以致第一篇文字刊发后，我竟高兴得跳了起来，当拿到第一笔稿费时，我竟幸福得想流泪，虽然只有45元钱。

喜欢第一次。第一次登上讲台，第一次合作出书，第一次得到张万祥老师的肯定与鼓励……人生中，总会经历种种第一次，那种无法预知的激动，那种心脏狂跳的兴奋，那种逝去便不会再有的感觉，似昙花一现，但却给人以无限的幸福与美好，它会让你记忆一辈子，深深地定格在你的心间，烙在你的心底。

第一次，文字变成铅字。那一天是2010年3月11日。

---

**点点思雨**

对于幸福，每个人都在努力地追寻着。有时，脚步太慢，跟不上幸福的节奏，只能看着她在遥不可及的前方向你招手，而你却默默地暗自神伤；有时，脚步太快，一不小心，幸福又被你落在了身后，回过头来才发现，你已错过。所以，总有人因找不到幸福而自怨自艾。其实，幸福就是一种感觉。身为教师的我们只要有一颗柔软的心灵，有一种淡然的心境，自然会感受到自己是多么幸福——学生的进步，自己的成长，读书的宁静，写文的快乐……这些何尝不是一种幸福呢？

（高莉莉　黑龙江省虎林市第一小学）

# 文字变铅字的幸福

在家中,爱人经常嘲笑我:"你是一个语文老师,文学素养和写作水平应该比较高,怎么没有在省市级刊物上发表过一篇作品?"每每听到这些话,我都有些不服气,立刻奋笔疾书,结果却是投稿后如石沉大海。

爱人也是老师,工作之余,善于进行反思和总结,已有多篇文章在国家级、省市级刊物上发表,常常把样刊、样报与我一起分享。

2013年10月底,我在班主任之友教育论坛看到张万祥老师发布的2014年千字妙文征稿信息,便决定以此为契机,与爱人比翼双飞——爱人对这样的活动总是积极参与。

前两年我也曾积极参与,但写出的文章缺乏灵性,根本达不到发表的水平,爱人总是热心地帮助我。我写的文章被推上了"手术台",爱人给它们动起了手术,从文章立意到标点符号,任何一处疏漏都逃不过他的法眼。虽说爱人是一名理科教师,但经他的手修改的文章,条理更清晰,文笔更优美,最终都被收录在张万祥老师主编的那四部书中。

2014年千字妙文征稿涉及婚姻爱情、教育子女、文化建班和幽默施教四个方面。我把征稿信息下载打印后,认真研读,决定从婚姻爱情写起。

与先生携手相伴18年来,日子过得一直很平淡。2004年夏,我考进县城中学任教,并斥巨资在县城买了楼房。我与儿子来到县城生活,而爱人至今仍在山区一所普通中学任教,我们开始了"牛郎织女"式的生活。每次他回到家中,总是帮我操持家务,做饭、洗衣服、检查孩子的作业等,这时我就会觉得很幸福。他经常说的一句话是:"我不在家时,一切家务重担都压在你弱小的肩上,你是我的女神。"

真让我感动。我又想起与爱人怄气的情形，每次爱人都会把饭做好，买来我最喜欢的面包给我吃，还添油加醋地给我讲笑话，即使是在怄气的过程中，我也能深深体会到他对我的爱。我要以张万祥老师主编的千字文为平台，把我们的爱情故事写出来。

经过短期酝酿，拟定题目"执子之手，与子偕老"（发表时为"在平淡中慢慢体会爱的味道"），写出了我与爱人的平淡故事。在"点点思雨"中我写道："我们需要一个温馨而包容的家，让我们可以卸下所有的面具，放松整个身心。我们不需要大富大贵，也不需要声名显赫。只要有一个人，真心在乎你的冷与暖，真心在乎你的悲和喜，心甘情愿与你共同面对生活中的一切，那就是幸福快乐。"

写完这篇后，我又写作了教育子女、文化建班和幽默施教等方面的文章，从酝酿到完稿花了近20天的时间。写完后，我一次一次地修改，直到满意为止。

截稿前夕，当我让爱人把我的文章发到指定邮箱时，他愣住了，不敢相信这是事实。更让他难以置信的是，我写的四篇千字文章全部入选。我终于体会到了文字变铅字的幸福，那种幸福，无法用文字描述。

> 作为一名班主任，收获幸福美好的时光较多，通过自身努力取得优异的教学成绩，所带的班级被评为优秀班集体，节假日收到学生的祝福短信和问候……这些都是幸福，而文字变成铅字也是一种幸福，这种幸福是许多教师无法感受到的。一些优秀的教师教了一辈子书，教学成绩顶呱呱，却没有发表过一篇文章，这样的教师生活是不完美的。真正优秀的教师不仅要教好书，还要善于积累和反思，用手中的笔记录下自己专业成长的脚步，将自己的文字变成铅字，给其他同仁带来一点工作上的启迪。何乐而不为！
>
> 点点思雨
>
> （郭云华　天津市蓟县燕山中学）

## 教育幸福，自己创造

相信很多老师跟我一样，都是在走完一段或长或短的弯路后才开始懂得欣赏沿途风景的。

随着时日渐长，职业的疲惫感渐增，日子仿佛过得点点涟漪皆无，哪还谈得上什么乐趣呢？好在我有一个爱好就是看书，可以在书中度过业余的时光，在书中忘却尘世的烦恼。可一旦从书中回归现实，真实的自己并未释然。

真正的转折点是在2006年，那年我远赴非洲，担任国际志愿者。当时，我被临时调配岗位，分到了一个偏僻小镇的医院里。在那里，生生死死，日日亲见：前一晚某个床位上还躺着的一个病人，次日便被裹以白布抬了出去；刚刚从娘胎里剖出的婴儿，一转眼就被丢进了纸箱，说是已经死了。生命的短暂，让我叩问自己的灵魂：我活着是何其幸运，为什么要让有限的生命布满愁云惨雾呢？当地贫穷的孩子们明媚的笑容也给予我很多的温暖和力量。

一年后，从非洲回来，我真的像变了一个人，不抱怨，不生气，知足常乐。我珍惜一切美好，每一滴水，每一粒粮食，每一个日子，每一个身边人。班里的学生们对我说："老师，好喜欢你笑起来的样子，感觉好温暖！"还有学生在纸上写道："韩老师，每天都要这样微笑哦！"

可以说在我班里的学生时常能感受到一种幸福的力量，因为我有意识地把自己对幸福的理解融入班主任工作中，带动学生们不做书呆子，学习固然忙，但也要懂得生活，学会生活。

周末，我带学生们去养老院做义工，去西湖边加入环保公益的行列，去学校附近的冠山上烤红薯，去参加报社组织的活动，去市图书馆聆听讲座，去休博园参观游览感受先进的科技文化氛围……

每次活动我都用相机记录下来，整整三年，收集的资料甚于前十年的总和。后来，我把这些温馨而快乐的记录制成明信片，再附上我的祝福和期望。在高考中，这个班创下我校文科班上重点线人数最高的纪录。成绩倒是其次的，关键是我引导学生们收获了一个幸福充实的高中时代，也相信他们在未来步入社会后会好好对待生活，享受生活，营造属于自己的小幸福。

而今，我是一个继续在路上看风景的人，哪怕路途再艰难，我也会记得在跨过一道沟坎时去闻闻周遭木叶的清香，去找寻广袤天宇间排云直上的大雁的靓影，也始终相信，前方的风景会更美丽。

在码这些文字的过程中，我是幸福的；能跟渐渐熟悉起来的热心教育的你们分享人生感悟，我更是幸福的！

---

**点点思雨**

　　站在三尺讲台上的教师，由于每个人性格、眼光、认知等不同，会对生活有着不同的态度，从而有着不同的人生滋味。有的人觉得当老师真好，每天都有可爱的孩子们相伴，还有由此带来的喜悦；有的人觉得当老师好没意思，每天早出晚归，三点一线，不到退休便永远碌碌于枯燥烦琐的事务。但日子毕竟是属于自己的，我们得学会珍惜、规划并享受它。

　　我相信，有意识地运用自己的智慧，辅以热情与爱心，我们离成为一个幸福教师的目标就会越来越近。

（韩　焱　浙江省杭州市长河高级中学）

# 幸福就是感动

幸福就是一种感觉，一种感动的感觉。

开学第一个月，为了迎接国家教育部义务教育均衡县的验收，学校要求彻底清理卫生，就连悬挂在教室上方的灯和风扇也要擦得一尘不染。这对于海拔不甚高的我来说确实是个大难题。紧急任务，没办法，硬着头皮上吧。

大扫除期间，我准备好劳动工具，安排好"保卫人员"，就颤颤巍巍地爬上了几张桌椅搭成的简易平台。我故作平静地查看风扇上的灰尘分布，擦拭着厚厚的尘土，心脏却在"咚咚"地加速跳动，手脚也在不停地打哆嗦，担心椅子腿会在瞬间摇晃起来。手举得太高太久，总感觉酸酸麻麻的，而且股股脏水顺着手掌、手腕一直流到胳膊肘，并继续滴答滴答地往下流。细细密密的汗水和着散落在脸上的灰尘流进眼睛里。正当我用袖子擦眼的时候，不知道下面扶着桌椅的哪个小保镖溜号了，脚下的椅子稍微一倾斜，我的身体瞬间失去平衡，"咣当"一声从椅子上重重地摔了下来，大脑一片空白。只听见一声"别摔着老师"，我就躺在了软乎乎的"垫子"上。又听见下面"哎呦"一声，我知道是有人在下面给我垫背了，心中有一股暖流在涌动。转念一想，千万不能压坏孩子，于是又顾不得屁股疼赶紧爬起来。

原来，趴在地上给我当垫子的学生是让我头疼不已的风云人物小安。

我急忙问他压疼了没有，他摇了摇头；问他有没有什么地方感觉不舒服，他还是摇了摇头。我纳闷拥有三寸不烂之舌的他怎么光会摇头了，莫不是压坏了哪个地方？我赶忙叫他站起来走走，谁知他突然来了一句："老师，你不是减肥了吗，怎么还那么重？可压死我了！"

我"扑哧"一声笑了："臭小子，你终于开口了，可吓死我了。"

他摸着脑袋不好意思地笑起来。我还是不放心，又让他做了几个动作。他说他是专业足球运动员，这点小事不算什么。我才稍微心安。

这时，同学们都在叽叽喳喳地议论着，有的说多亏了小安，要不然老师就会摔着了；有的说真没看出来平时总和老师顶嘴的小安关键时刻还真行；也有的说小安其实是个细心大胆的同学。

我一瘸一拐地回到办公室和小安谈话。他说他知道我在擦风扇就很担心，所以一直在旁边默默地看着。当看到我踩空的时候啥也没想就跑过去接我了。我感激地拍了拍他的肩膀，非常真诚地向他说了声"谢谢"。临走，他还请求代替我去擦风扇。我虽然没答应，可还是觉得心里甜滋滋的。

幸福就是得到学生的认可，幸福就是学生会向你伸出友爱的双手，幸福就是师生之间相处时的感动。我庆幸种下了一颗爱的种子，让它在师生心中生根发芽。

---

在学校这个大家庭里，老师和学生是永恒的主角。在相处的过程当中，彼此会有许多种感觉：或生气，或高兴，或幸福……于我而言，最享受的就是学生带给我的感动，这是被感动的幸福。幸福就是水杯空空时被学生悄悄灌满；幸福就是搬运书籍时学生鼎力相助；幸福就是累得满头大汗时学生递来纸巾；幸福就是快要摔倒时学生快速伸出援助的双手。

这种种感动汇成了一首动听的交响曲，在我们的心间回荡。幸福的感动伴随我们一路高歌，一路成长。

（荆晓燕　山东省淄博市桓台县实验学校）

**点点思雨**

## 回归静气,品味幸福

又一次联考,可怜的成绩让我很焦虑,虽然嘴上说不在乎,但心里还是很郁闷。坐在办公桌前,不知道自己要做什么,应该做什么,百无聊赖,思绪万千。

好久没有这样静静地思考了,这段日子真的没有一丝涟漪,毫无生气。忽然想起一个讲座中的一段话:"教师要有静气,有的人一身的匠气,只知机械地干同样的事,干得毫无生气,所以做教书匠,生活实在了然无趣。有的人沾满俗气,教师最要不得俗气,学校是人类的精神家园,学校沾了俗气,就可能糟蹋了一代人。有的人有躁气,就是浮躁之气,这是一种现代病。"这不就是在说我吗?浮躁之气一直困扰着我,忙碌教书一身匠气,如今还沾满了俗气。

浮躁,是一种现代病,而我已病入膏肓。书读不进去了,网购了那么多书束之高阁;好久没有动笔了,以忙为借口打发了一切;让学生写的周记停顿了,无法了解学生的心思;找学生谈心也忘了,学生的很多问题都得不到及时解决;班会不再认真地准备,学会了拿来主义。浮躁之气,让我迷失自己,失去了激情。

一身匠气。我痛苦地反问自己,真的要做教书匠吗?每天的工作只是机械地简单重复,日复一日,有时甚至只是为了应付领导的检查,没有一点意义,完全是在浪费时间。班级管理没有了激情与创新,只是看看班,有问题也懒得管,任其发展。教学中教案都不怎么写,一到上课,拿着资料就去了。工作毫无生气,生活了然无趣。我在这样的工作和生活氛围中感染的岂止是匠气,还有暮气。

沾满俗气。这也是事实。上网聊天,看电影、电视剧成了我的爱好,一发不可收拾。说自己很忙,其实是忙于做这些了,真的是俗不可耐。我还喜欢上了饮酒,有时喝多了,晚自习就完全让学生自习了。那些日子真是俗得可笑。

这样的我，怎么能带好班级，怎么能教好学生？学生可怜的成绩，不正是我这一身躁气造成的吗？学生无理想，无追求，不正是我一身俗气感染的吗？学生们学习效率低下，没有创造力，不正是我一身匠气培育的吗？

这样的我是不幸福的，是空虚的，每天都不踏实。我必须改变。

改变首先要从培养静气开始。静下心来备每一堂课，静下心来批改每一本作业，静下心来与每个孩子对话，静下心来研究学问，静下心来读几本书，静下心来总结规律，静下心来反思自己的言行和教学方式，以便更好地超越自己，静下心来细细地品味与学生在一起的分分秒秒，品味其中的乐趣与意义。

教师静下心来受益的是学生，最终是教师自己，因为只有这样，才能品读出教育的幸福。

---

**点点思雨**

教师做的是教育人的事业，要有优秀的品格，是要做榜样的。所以，教师要尽量远离浮躁，因为浮躁会传递给学生；教师要有创造的魅力，不能日复一日地教书匠一样重复工作，因为匠气会造成学生效率低下，没有创造力；教师更不能沾染俗气，因为我们要培养有目标有崇高追求的学生。教师需要静下心，拒绝一切浮躁与俗气，品读教育，品读学生，品读教育之幸福。

（刘　强　河南省济源第一中学）

## 感悟幸福要有资本

看着卫生检查的通报，我怒火中烧——已经打扫好了的卫生，怎么会扣了分呢？

前一天下午学校已经通知要检查卫生，我正巧要去开一个会，所以在临走之前就安排学生把教室卫生打扫干净，并叮嘱他们要保持好，可公布的成绩怎么会这么糟呢？

我听到了自己粗重的呼吸，也感受到了自己加快的心跳。我不停告诫自己：要平静，不要生气，有些作报告的专家不是说"幸福是一种心情，要有好心情才能感受到幸福；幸福是一种心态，要有好心态才能感受到幸福"吗？可是，面对通报的结果，我无法让自己的心情平静，无法让自己有一个好心态。

好不容易等到下了课，我快步到教室去了解情况。当我走进教室的一刹那，本来不平静的心情又起了新的波澜。怪不得检查结果那么不好，你看，聪聪的桌子旁有几团卫生纸，同学们过来过去，踩来踩去，就是没有人去捡；铭铭的脚底下一层泥土，这么干净的校园也不知道他是从哪里带进来的；中间的三排课桌歪歪扭扭，几乎没有一张摆放整齐的……再仔细看看，用"脏乱差"来形容教室目前的卫生状况，一点也不夸张。

看着眼前的境况，我很郁闷。为什么准备好了的，没经过多长时间就破坏了呢？为什么这时我需要的好心情却不降临呢？

我找来卫生委员询问，原来是很多同学根本就不在意教室卫生，不注意保持，即使弄脏了也不打扫。明白了事情的原委，我开始反思：不能全怪学生，也怪我自己管理不得法、不到位。

怎样才能改变学生的意识和行为呢？怎么样才能调动起学生的积极性呢？我想到了改革开放时期的"联产承包责任制"，何不运用到卫生管理中来呢?

于是,我指挥学生把桌凳摆放整齐,然后根据课桌的行列把教室地面划分成了一个个小区域,每个区域里都有一个同学。接下来我宣布:谁坐在这个区域里,谁就负责这个区域的卫生,要求时刻保持整洁,我们将不定时地督促和检查。

为保证效果,我们采取了层层督查制:组长督促本组成员打扫好卫生,卫生委员督促各小组保持好卫生,我督促卫生委员和各组长及时提醒和检查。经过一段时间的运作,学生们渐渐养成了时刻保持教室卫生的习惯。

此后,即使学校不检查卫生我们的教室仍是洁净的,我也不再为教室卫生而烦恼。

在反思和总结这件事时,我明白了一个道理:要想做生意,就需要有本钱;要想提高工作的幸福指数,也是需要资本的。这个资本就是实实在在地用心去做好事情,从根本上去解决让自己烦恼的问题。只有这样,才有好心情、好心态去感悟幸福。

> **点点思雨**
>
> 风调雨顺,庄稼丰收,这是农民幸福的资本;新作问世,并且畅销,这是作家幸福的资本;学生文明守纪,成绩优异,这是教师幸福的资本。唯有付出艰辛的劳动,实实在在地去做一些有意义的事情,才能从中体会到工作的快乐,感悟到人生的幸福。
>
> (宁 杰 山东省寿光世纪教育集团)

# 教育科研打开了幸福之门

德国哲学家费尔巴哈说过:"一切的追求,至少一切健全的追求,都是对于幸福的追求。"人人都追求幸福,作为一名在教师工作岗位上已经辛勤工作35年的老教师,我同样也在追求幸福。但是在从教之后近20年的时间里,我所获得的职业幸福极其有限。导致我缺乏职业幸福的原因也许很多,但是没有从事教育科研,我认为是其中的一个重要原因。从2000年开始,我踏上了教育科研之路,一路高歌猛进、意气风发地走到今天,不但取得了教育科研的累累硕果,也收获了满满的职业幸福。

真的出人意料,在不经意间,幸福就重重地敲响了我的心门!

一个从事教育科研的教师,在看到自己写出的论文或随笔时,就会有一种幸福感;当看到自己的创造性劳动成果被报刊登载时,那种快乐更是溢于言表;当看到读者在品读、欣赏甚至夸赞自己的作品时,则会有更强烈的幸福感。教育科研这种创造性劳动,使我充分发挥了自己的聪明才智,充分体现和实现了自己的独特价值,充分体会到了创造的乐趣,从而收获了自我实现的幸福。

教育科研使我产生了莫大的成就感,自尊心得到了极大的满足,充分实现了我的个人价值;教育科研受到了他人的羡慕、称赞,得到了他人的高度评价,极大地满足了我获得他人尊重的需要,使我产生了一种比较强烈的幸福感。可以肯定地说,教育科研使我收获了有尊严的人生,并因此获得了幸福。

在从事教育科研之前,我工作比较被动,把工作当作一种负担,把教学当作一件苦恼的事。从事教育科研之后,我主动地对待工作,把工作作为研究过程,当作一种享受,当作一件快乐的事情,每天都以饱满的热情、充沛的精力对待工作。

"在教学中研究和学习，在研究中学习和教学，在学习中教学和研究，边教、边学、边研"是我目前的工作状态。如今，我感觉自己对工作仍然充满激情，并且似乎越来越有激情，我正不断收获着激情工作的幸福。

在从事教育科研之前，除了常规教育教学，我通常就是看看电视、打打扑克，过着一种无所事事的生活。在从事教育科研之后，教育科研就成了我生活最重要的部分，教学——科研——读书，成为我的生活常态。教育科研充实了我的生活，使我收获了生活充实的幸福。

教育科研的幸福在哪里？请让我来告诉你：在自我实现中，在有尊严的人生中，在激情工作中，也在充实的生活中。老师们，你们想让幸福来敲门吗？那就积极从事教育科研吧！

---

苏霍姆林斯基说过一句很有名的话："如果你想让教师的劳动能够给教师带来乐趣，使天天上课不至于变成一种单调乏味的义务，那你就应当引导每一位教师走上从事研究这条幸福的道路上来。"我就是走在教育科研这条幸福道路上的人。教育科研使我收获的人生幸福是出人意料的，也是溢于言表的。如今，我虽然年过半百，但是仍然梦想不息、激情不灭、读书不厌、享受不止，"不知老之将至"，继续行走在教育科研这条幸福之路上。

点点思雨

（王有鹏　山东省临沂实验中学）

## 追求成长，与幸福牵手

从教十几年来，我一直奋战在天津市蓟县深山区的农村中学，很少呼吸到外边的新鲜空气，专业成长的步伐很慢很慢，一直在原地画圈，梦想遇见大师并聆听大师的教诲。终于，我的愿望实现了。

时间定格在 2013 年 7 月 31 日至 8 月 1 日，为期两天的山东青州班主任自主成长高峰论坛至今回想起来，依旧令我心潮澎湃。充满激情的专家讲座、优秀教师与专家探讨教育真谛等动人场面又浮现在我眼前。

这次高峰论坛上，我品尝到了丰盛的精神大餐——聆听了八位专家的精彩讲座。首先闪亮登场的是全国优秀班主任刘霄老师，他的讲座《新时代班主任的标准》，让我眼前一亮，为我今后的专业成长奠基了一块五彩石。"所有努力者，都是主动者；所有成功者，都是主动者；所有创造者，都是主动者；所有幸福者，都是主动者。""不是工作塑造人，是人塑造工作。""优秀与不优秀每天就差一点点。"……这些振聋发聩的观点给我以醍醐灌顶的感觉。第二位浓情奉献的专家是山东省首届"十佳创新班主任"张国强老师，他的讲座《与狼共舞的日子》，在歌曲《留住教育的根》中开始，在《相亲相爱一家人》的歌声中结束。张老师既有创意，又富有艺术细胞，他把教育中的感悟编成了歌曲，有滋有味地铸造班级品牌。第三位专家是山东省比较年轻的特级教师、山东省第二届"十佳创新班主任"于青老师，她的讲座《做个快乐的班主任》，诠释了班主任应如何快乐的新理念，摒弃了班主任是忙、累、烦的代言人的旧观点，并从实践工作中总结出了幸福快乐 36 计，让我对班主任工作有了重新的认识——"班主任工作是幸福快乐的源泉"。

全国知名班主任郑立平老师的讲座《手捧灵魂十二问》，掀起了高峰论坛的高潮。他用自己长达近23年的班主任工作经历告诉我们："推卸责任等于拒绝成长"；"要改变学生，先改变自己"；"以'爱心+智慧'打造自己的班级管理品牌，以反思+创新'体味工作的魅力精彩，以'激情+坚持'创造教育的幸福"……这是班主任专业成长道路上的呐喊声，为班主任鸣笛远航吹响了号角。

两天的高峰论坛缓缓落下了帷幕，这次论坛为我搭建了一架可以向上攀援的梯子，同时也给了我一个舞台，让我学会戴着应试的镣铐跳出优美的舞蹈。这次高峰论坛开启了教育科研连续剧的新序幕，今后我会向以郑立平、刘霄老师为核心的全国班主任成长研究会团队虚心学习，争有更多的作品在国家级、省市级刊物上发表，同时还会向与会的各位专家虚心请教工作中遇到的难题。

两天的高峰论坛，我是幸福的，更是快乐的，收获了沉甸甸的精神食粮。从此，我踏上了专业成长的快车道。

> 什么是幸福？仁者见仁，智者见智。不同职场的人群对幸福的理解也千差万别。作为一名教师，幸福可以来自学生的快乐成长，也可以来自通过辛勤付出获得的殊荣，还可以来自身专业成长……按照马斯洛的需求层次理论，追求成长是自我实现的需要，是打开幸福大门的金钥匙。追求成长，不是一种感觉，而是一种状态，更是一种人生经历，是在与幸福牵手。行走在追求专业成长的快车道上，虽然有些辛苦，但获得专业成长的那种体验，却是快乐幸福的。
>
> **点点思雨**
>
> （张国东　天津市蓟县下营中学）

## 遇见幸福

那是一次幸福的邂逅。

大约是秋天吧，一本书，一个关于班主任的论坛，一位满腔热情、活力充沛的老人，一群激情智慧的班主任。那次邂逅，注定我的班主任生活要发生微妙的变化。

**王莉老师的马匹**

最初遇见的是王莉老师的著作《扶年轻班主任上马》。那时，我正被一群"魔鬼般的天使"折磨得筋疲力尽，看到王莉老师的著作，我仿佛看到一位古代的侠女，武艺高强，策马奔腾，何其豪迈！从这本著作中，我学到不少治班妙招，比如"开渠演讲""巧抓绳子头"等等。我开始主动出击，把教育当实验研究，不断尝试，怀揣希望，静待花开，烦琐的班主任工作竟也变得生动有趣起来。

感谢王莉老师，把一个青涩的班主任扶上学习的马匹。更感谢王莉老师的马匹，把我带进了班主任之友教育论坛。在那里，我遇见了更加美好的景致。

**长贵老师的溪流**

初到论坛，总能看见王长贵老师跃动的身影。他如一弯淙淙的小溪，蹦跳着，欢唱着……正是他的主题为"做班主任真好"的帖子吸引我驻足，我也留下了一个回帖。

很让我感动的是他在中秋节那天给我写的信，洋洋洒洒两千言，多么深长的情意呀！他向我介绍了张万祥老师的教育智慧及对教育的执著，勉励我要向张老师学习。他说："赵老师，在你的文字里，我看到了一个正在阔步走向成熟的老师的身影，我听到了一个谆谆教诲学生的声音，我摸到了一颗微笑时仍然留着眼泪的好老师的心。就这样吧，做一个平凡的老师，这也是不平凡的老师！……"

读着这样的句子，我流泪了，原来，行走在教育的最前线，我们可以收获这么多的幸福！

**万祥老师的月亮**

"从赵悦容老师的这篇文章，看到赵老师出色的班主任工作、深刻的感悟，还有优美的文笔。希望赵老师参加新的'班主任百篇千字妙文系列'书的写作。"正是张老师在论坛上的这则跟帖给了我莫大的鼓励。

在后来的投稿过程中，张老师虽然身体欠安，却依然每稿必复，对稿件质量精益求精，并及时在网上公布审稿及新书出版进程。

最让我感动的是接到《班主任幽默施教100篇千字妙文》样书时，发现本人的拙作《略施小计捉懒虫》中涉及的一名后进生的名字，被张老师细心地用"××"替换掉了。张老师对一名素不相识的孩子的细心呵护让我肃然起敬。

尊敬的张万祥老师像一轮最圆最美的月亮，他有着高贵耀眼的光环，却无私地把柔和慈爱的光华轻洒在青年班主任身上，引导他们成长，给予他们光明与希望。

亲爱的张老师，是您，在我平淡的工作中，点燃了激情向上的火焰。

---

有人说班主任工作最烦琐，有人说班主任工作最有趣，有人说做班主任最辛苦，有人说做班主任最幸福。主动学习，坚持阅读，把教育当实验研究，不断尝试，怀揣希望，静待花开，烦琐的班主任工作也可以变得生动有趣。

充分利用网络平台，即使再远，你也能遇见生命中的贵人。和道德高尚的人做朋友，你也会心态平和、胸怀坦荡。有时，也许只需一个转身，你便会遇见幸福，遇见生命中最美好的景致。

（赵悦容　广东省揭阳市揭东区玉湖镇玉联初级中学）

**点点思雨**

# 第三辑
## 幸福于开展活动,风光无限

\* 教师的幸福是什么?不是宝马香车,也不是每天能赚得盆满钵满,而是每一天都能看着青春、热情、可爱的学生。

\* 幸福是什么?幸福就是体验生命成长的过程,哪怕这个生命是微小的,也足以承载起成长过程中应有的价值。

## 惟韵二班，一个飞扬灵动的名字

2010年8月，我与一群惟韵学子相逢了。这次如歌般的相逢后，惟韵二班便在我们心里飞扬灵动起来。我和59个惟韵学子一起把梦想种在了惟韵二班，一起去谱写惟韵二班的传奇故事。

惟韵二班的班级格言是"惟韵有材，于斯为盛"，班级精神是"相信自己，和而不同"，班级口号是"惟韵二班，非同一般，全面发展，勇夺桂冠"，班训是"早"。

这批惟韵学子身上有着刚毅之风。小博同学每天晨练坚持跑八圈，并带动着班级一大批学生展开了红红火火的晨跑运动，力争修身强体。

这批惟韵学子懂得合作，能够彼此欣赏。面对《惟韵法典》出台后的不合理之处，他们发出不和谐的声音后，能够彼此相合，再度守护法典，守护惟韵。

这批惟韵学子懂得积极向学，勤奋努力。他们每日晨诵经典，《弟子规》《三字经》《论语》，一本本经典穿越下来，人文素养日增，更在伴着宋词之旅的课程中，用生花妙笔填写了一首首优美的词作。

这批惟韵学子认真学习，全面发展，在各类活动中立志勇夺桂冠。学业成绩优异的他们在学校文艺汇演上以一支昂扬向上的舞蹈《相信自己》获得满堂喝彩，在19个舞蹈节目中勇夺第一名。

我记得我曾经在圣诞节为我的惟韵学子赠送了一件礼物，我用走调的歌声在那个飘着飞雪的冬日将《祝你平安》献给他们。

我记得我曾经在许诺唱英文班歌《平凡的奇迹》却唱不出后，甘愿受罚，在他们面前背下这首英文歌的歌词。那时，结结巴巴、极不流畅的英语通过我这语文老师的口发出来，我没有羞涩，依然真实地展现着自己。

我记得在高一"这个时代，那种青春"大型主题班会上，我改编了《遇见你是我的缘》的歌词，邀请文艺委员鑫梓与我合唱。鑫梓原为伴唱最后却成了主唱，而我只能哼哼着表达我对惟韵学子的感情，我亦觉好玩而不胆怯。

就这样，带着不怕出错的心，带着欣赏学生的眼，我努力把惟韵二班打造成心灵润泽的希望教室，让每个在这里生活学习的老师、同学都能自由畅快地呼吸，快乐幸福地生活！

我在圣诞节为惟韵学子的家长们送去一条条祝福短信，因为我相信，家庭和学校永远是一对教育伙伴，我们的携手相牵会点亮孩子们的天空。

我可以花上1700多元钱为惟韵学子建立图书角，把《21世纪思想随笔排行榜》、《世界因你不同——李开复自传》、《五四之魂》、《精神明亮的人》、《孔庆东文集》（全12册）、《在北大听讲座》（1—20辑）等一批极具人文内涵的书带给惟韵学子，让他们的灵魂在书籍的世界里陶冶着、芳香着。

我可以去做语文的"叛徒"，拿出一周的语文课，让图书角的书真正走向惟韵学子的书桌，大胆开展"我爱阅读，我爱语文"的读书活动。

在这一趟润泽心灵的神奇之旅中，我发现我真正地改变了，我重新认识了自己，也重新认识了教育。

载着梦想，载着信念，载着勇气，我一路歌行在我的教育之旅上，快乐着，幸福着！

---

**点点思雨**

有时觉得带一个班，投入了自己全部的精力与心血，就仿佛经历了一场刻骨铭心的爱恋一般，这种爱恋般的情结是多么幸福而神秘的体验。也许作为班主任，我们在带班的过程中会遭遇种种令我们尴尬、难受、痛苦的事，但不可否认的是，总有一些幸福而神秘的体验会时不时地迸出。就让我们继续行进在这一润泽心灵的神奇幸福之旅上，做快乐的教育人。

（谱志惠　湖南省津市市第一中学）

# 乘着音乐的翅膀飞翔

2013年9月，我迎来了教育生命中的又一届新生。通过短短几天的观察，我发现这个班上的孩子对音乐特别有感觉。每次午唱时间，数我们班的歌声最为嘹亮，有些孩子甚至会情不自禁地离开座位手舞足蹈。

这个发现着实令我兴奋！因为我打小就非常喜欢唱歌，虽然这辈子无缘当上音乐老师，可是音乐在我的生活里从来不曾离开过。当灵动的十指在黑白分明的琴键上游走，当玄妙的音符在起伏流转的乐谱上跳跃……平淡琐碎的日子便会变得丰盈而快乐！如果我能带领孩子们一起搭上音乐的翅膀，翱翔在音乐的天空，去体悟生活的快乐、美好，岂不妙哉？

主意既定，各项工作便有序展开。

我首先要做的是建设"班级音乐资源库"。借助网络媒体，我搜集到了大量适合儿童欣赏、聆听的音乐曲目，经过整理，分门别类地归入各个文件夹，存储在班级电脑里，以供随时点击使用。为了提升听赏效果，我请学校的电脑老师为我们班接通了高品质的音响系统。我还把家里闲置的电子钢琴贡献了出来，摆放在教室里，喜欢弹琴的孩子们得空的时候可自主上台去演奏。

准备就绪，接下来就是结合班级日常生活，进行全方位的音乐渗透。

1. 唱响"三歌"，弘扬主旋律。利用午唱时间，了解"三歌"（即国歌、队歌、校歌）的内涵，教会学生满怀热情地唱响"三歌"，培植爱国、爱校、爱集体的情感。

2. 欣赏德育系列主题歌，培育健康价值观。利用晨会、课间、午唱时间以及班队课，带领孩子们欣赏德育主题歌曲（主要包括文明、礼仪、团结、勤学等方面）。

3. 伴乐踏步，提升班级精气神。利用体艺 2+1 时间，指导学生领悟《运动员进行曲》的节拍、节奏，并进行踏步练习，做到能步调整齐、精气神十足地出操、归队。

4. 配乐晨读，润泽人文情怀。利用每天十分钟的晨读时间，指导孩子们配乐朗诵，让孩子们体验文字与音乐融合在一起的美妙感觉，激发美好情感。

5. 品味经典音乐，怡养学生心性。在午间、课间播放清新、优雅的轻音乐，让孩子们在潜移默化中受到音乐的熏陶，怡养性灵。

为了激励更多的孩子参与到音乐活动中来，我还创设了多层次的展示平台。

1. "班级好声音"：随时申报，声乐、器乐均可，由班级"小音符协会"考核、授牌，以鼓励为主，允许多次考核。被评为"好声音"的同学可奖励担任班级晨读"领诵员"一次，并可向班级音乐库推荐好歌。

2. "音乐达人赛"：每学期开展一次，可通过独唱、双重唱、小组唱、合唱、乐器表演、歌伴舞等多种形式来展示音乐特长。

我还在企划着，希望在不久的将来，我们能面向全校师生开展一场"亲子音乐会"，届时邀请部分家长同台展示，共同打造音乐氛围，共享音乐之美。

---

音乐是一种陶冶心灵、培养健康人格的教育载体。音乐最大的特点是通过优美、动听的旋律，融入人的精神世界，通过美妙的音符来激发学生的情感，从而达到提高学生的道德情操的效果。它不是空洞的说教，也不是生吞活剥式的灌输，而是将思想教育与音乐艺术巧妙地融合在一起，美化人的行为。音乐教育的实施者并不局限于音乐老师，地点也不局限于音乐课堂。作为一个酷爱音乐的班主任，我愿意和孩子们一起，乘着音乐的翅膀，去谛听音符的魅力！

（都锦梅　浙江省桐乡市实验小学教育集团振东小学）

点点思雨

# 一个也不能少

"一个也不能少"是一部电影的名字,"一个也不能少"是作为班主任的我的幸福,"一个也不能少"更是超凡班的活动中一以贯之的理念。

活动一:穿越沼泽地。这项活动从最初的练习开始,一直都是孩子们自己在不断摸索着进行,每个孩子都非常投入地参与到活动中,而我只是负责公布规则。活动最初规定每班36人参加,于是小小同学就自动提出不参加,怕给同学们拖后腿。但是第二天她怯怯地找到我说想要参加这项活动,这就意味着要有另一位同学将要退出。但是,没有人主动退出。我既高兴又为难,高兴的是孩子们的集体荣誉感都非常强,为难的是谁都不愿退出,我该怎样抉择呢?非常凑巧的是,小政妈妈此时给我打电话说小政在前几天的演出中不小心磕着了,希望他多加休息,尽量少活动。我跟小政沟通,他说就是因为想参加活动才没跟我说这件事。我说:"这样不行啊,身体要紧,咱先养好身体,以后活动很多的。"他勉强同意了。这样小小同学加入了穿越沼泽地的活动。在练习时她非常认真,跟其他同学配合得非常默契,我们班也取得了第一次模拟比赛的第一名。

正式比赛时,人数不再统一规定,只要能够在比赛时体现出团结合作的精神就行。此时小政的伤也好了,于是在正式比赛时,全班37人一个也不少地参加了。比赛过程中每个孩子都严格遵守规则,虽然最后成绩不太理想,但是孩子们的收获是满满的。当晚,每个孩子都用600字左右的日记记录了自己的收获。

活动二:秦台拓展训练。这项活动从发动到结束共一周时间,全班37人一个不少地报名参加,大家准备得也非常充分。然而活动那天的天气却戏剧性地大变脸。之前看天气预报说气温挺高,早上集合上车时也觉得挺温暖,但短短半个小时之后到达训练基地时,却冷得我们都缩起了脖子,掖起了手。既来之则安之,必须把孩子们的士气激发出来。于是我配合培训师先跟孩子们一起进行热身,然后分组,每个孩子都非常投入地参与到活动中来。

第一项活动是无敌烽火轮,一组的设计让我非常感动,全组的孩子都行动起来,将履带制作得非常实用。二组在活动中取得了四连胜。其实胜负不重要,重要的是在这些活动中,孩子们都团结在一起,心往一处想,劲往一处使,每个孩子都能够互相包容。

让孩子一个也不少地参与每项活动是我的幸福。

> 作为班主任的我一直觉得班级活动非常重要,此文记录的两个活动全班孩子都一个不少地参与其中,每个孩子都或多或少地写下了自己的体会和收获,这对于孩子们之后的学习生活而言都是非常珍贵的财富,对于我来说更是一种不可替代的幸福。
>
> **点点思雨**
>
> (冯珊珊 山东省滨州市授田英才学园)

# "小赌"怡情

"小赌"怡情。每次考试前都会有学生和我"小赌"一下，我便和他们签订"君子之约"来激励他们。"小赌"的内容大约是：××同学在本次考试中，要努力考到××水平。如果达到，刘老师给××写一篇赞美文；如果达不到，××给刘老师写一篇赞美文。"赌注"就是一篇赞美章。

这样的"小赌"让考试多了一些趣味，让生活多了一分情趣。作为班主任，我的内心也不再那么纠结，多了一份优哉游哉的幸福。

这次和琪琪打赌，我们商定：如果她达到了目标，我将给她写一篇不少于1000字的赞美文；如果没达到目标，她为我写一篇500字的赞美文。约定之后，她静心学习，我真诚地希望她能赢。

结果她没有达到目标，她"蔬菜"了。我向她索要我的赞美文。周末，邮箱里砸进了琪琪的文章，博我一笑，全文如下：

刘老师是一位可爱、可笑、可恨、可敬、可亲、可心、可怜、可靠、可乐、不可替换、可歌可泣的好人。她叫刘向娟，人如其名，她像杜鹃花一样美丽，每天像杜鹃一样用她那像音乐家一样的声音唱个不停。

她长得"美如天仙"，又"随心所欲"，有一张清秀的脸颊，上面嵌着两颗像宝石一样的眼睛。那眼睛非常犀利，上次我吃东西就一下被抓住。她眼观六路，耳听八方，随时随地能观察到各位同学的小动作。她那水灵灵的眼睛里装满了希望的光芒。

更重要的是她有一颗超自恋的心，总是自以为非常的美丽，这不是我们应该学习的精神吗？她的心中装满阳光，她是阳光、大气、开朗、活泼、热情、无私、聪明、勇敢、真诚、高贵、无聊、自恋，还有点奇怪的老师。

……

啊，老师，有了您，花园才会更美丽，大地才充满春意，您就是最美的老师。您是太阳，我们就是小草；您是大树，我们就是果实；您是水，我们就是鱼。老师，祝您越来越年轻，越来越可爱！

男生小赵和我打赌，结果他达到了目标，我输给他一篇1000字的赞美文章。我利用周末的时间完成了一篇文章《是谁"让我爱、让我痛、让我笑、让我忧"》，并在文中将他称为我的"男神"。小赵拿到这篇近2000字的文章，就像是拿到了宝贝一样，高高兴兴地向别人炫耀，这当然也是他下次努力的助力。

"小赌"怡情，无论是给学生写赞美文，还是收到学生赞美我的文章，我的内心都能获得巨大的享受。写赞美文的过程，就是我们师生心灵交流的过程。还有什么比真心交流更快乐的呢？

我爱我的孩子们。无论他们成功，还是失败；无论他们现在是恨我，还是爱我；无论他们对我的教育是理解，还是不理解……在嘻嘻哈哈中，我的爱更笃定，更长久。

"小赌"怡情，字字皆是情。

---

**点点思雨**

"赌"似乎难登大雅之堂。但是在与学生们的"小赌"中，我感受着教育的洒脱、快乐。板起面孔的教育可能会立竿见影，但那样于我不快乐，于孩子们更不快乐。而"小赌"则娱乐了孩子，幸福了我。

当看到孩子给我写的赞美文时，我的内心是最快乐的。那是孩子们对我的一种或似对哥们儿，或似对母亲，或似对长者的赞美之情，对我来说是一种鼓励。其实在赞美我的同时，学生的内在动力也在提升。"小赌"使师生的情感加深了，使我的幸福感加强了。

（刘向娟　北京市育英学校）

# 元宵里的甜蜜

"开心,芳草把东西都买好了吗?"刚走出小区门口,我便给开心打了个电话。

"都买了,都买了!五袋子元宵,几十个一次性塑料碗,几十双筷子。芳草特意买了一个汤匙呢!"开心在电话那头回答。

"潘老师,你什么时候来呀?"我还没开口,开心便又迫不及待地问,"他们都说要等你来煮。好多同学特意没吃晚饭呢,都说饿坏了,你快点来呀!"

"好好好,我马上来!"

放下电话,我加快了去学校的步伐。

冲进教室一看,嚯,讲台上整整齐齐地摆放着买来的元宵、一次性塑料碗、筷子、汤匙。呵,还有一大袋子白糖!晨萱从家中带来了一个大大的电饭煲,放在了讲台上。

水草一看见我走进教室,迫不及待地说:"潘老师,你怎么才来啊?我们就等着你煮元宵呢!"有几个学生打趣说:"潘老师,你会不会煮啊?"

我笑着说:"潘老师平常在家里可是炒菜的好手,煮元宵更是小菜了!你们就等着吃好了。"说着我便端起电饭煲动起手来。

学生们看见我的架势又是一阵嬉笑。

我从外面装了一大锅清水,然后把电插好,只等水滚了就下元宵。不一会儿,水滚开了,我抓起一个盛元宵的袋子,取出元宵,一个个地沿着电饭煲的边缘滑进水中。学生们看见我熟练的样子,也都笑而不语。

不一会儿,水再次滚沸了。圆圆的元宵随着开水的沸腾浮上来,白色的水汽冉冉升起,一阵淡淡的清香开始弥漫在教室里。我拿起汤匙在电饭煲里翻动了几下，一时间元宵都翻滚起来，一个个溜溜地转。

有几个学生看样子是等不及了，不停地朝讲台上张望。那馋样，惹得我心里偷偷地乐。

终于，第一锅元宵出锅了。我拿出塑料碗，每个碗中盛了5个，软软的元宵滑溜溜地躺在碗中，圆圆润润的样子可爱极了！

一时间，教室里多了吃元宵的声音，还有小声的议论，当然更有甜蜜的低笑声。

我继续下了第二锅。不一会儿，第二锅也熟了，我盛起来。水草一个箭步冲上来，把碗伸在我面前，不好意思地说："潘老师，我还要！"梦星则委婉得多，先是说："潘老师，好好吃的！"然后勾着个脑袋，把碗放在讲台上，也不多说什么，我自然明白是还要吃几个了。我连忙说："没吃饱的同学，多吃几个啊！"话音刚落，又引来学生们的一片笑声。

这一晚，就在我不停地煮元宵、盛元宵和学生们不时的笑声中度过了。到最后，芳草端着一碗元宵送给了我："这是同学们一定要送给你的，他们说要看着你吃下去。"

看着学生们如此热情，我只好当着他们的面将这一碗元宵吃了下去。刚吃完，学生们齐声大呼："潘老师，元宵节快乐！"我感动极了，对学生们说："潘老师也祝你们元宵节快乐！"

这一晚，是我从教以来，第一次和学生们正儿八经地过元宵节。

这元宵里的甜蜜不仅留在了嘴里，更淌进了心里，成为我"幸福篮子"里的永久珍藏。

---

**点点思雨**

教师的幸福是什么？不是宝马香车，也不是每天能赚得盆满钵满，而是每一天都能看着青春、热情、可爱的学生。真心与学生相处，你就会发现生活中处处有幸福，那幸福在学生的每一声问候中，在学生的每一句祝福里，在学生的每一次进步中。当你付出自己的真心时，你就收获了几十颗同样对你付出真心的童心，于是你就会懂得：教育有情，幸福无价。

（潘雪陵　湖南省长沙市第二十六中学）

## 教师的小幸福

六一汇演之后的几天，几乎每个同事见到我都夸我们班的节目不错，我只是笑笑，满脸的幸福。是啊，从挑选节目到最后上台，我不过付出了两次 DV 拍摄的努力，每次不到 10 分钟，却赢得了全校老师和同学们的一致好评，我还有什么理由不幸福呢？

其实，最初的时候，我想让全班合唱《爸爸去哪儿》，可是孩子们说音乐老师教过一首非常好听的歌曲《永远同在》，是日本动画片《千与千寻》的主题曲，女生们更是请缨自主排练了起来。既然孩子们有心，我这个班主任当然应该支持。联系音乐老师，却被告知教的时候是老师现场钢琴伴奏的，连歌词都是老师请朋友临时填的，网上根本没有现成的曲目可供参考，怎么办？我把困难反馈给了学生。

当天晚上，小娴给我 QQ 留言，说她会背诵改编后的歌词，并愿意手写一份给大家，我点了赞；班长小婕给我打来电话，说伴奏找好了，居然还有四个之多，明天放给大家听听，我说很好。第二天一早，全班每个同学的桌上都放着一张小娴手写的歌词复印件，她居然连复印都抢先完成了！电教员小雨在班长的配合下在早自习前放起了音乐，然后向语文老师借用了早自习的时间，用半个小时确认了最匹配的伴奏。小娴和小佳这两位校合唱队主力担当起音乐老师，正式把这个节目搬上班级舞台。

这之后，女生们每天向我申请一节或两节自修课和音体美课用来排舞，然后在音乐课上主动向老师展示，聆听老师的意见和建议，更在家长的配合下购置了演出服装、舞蹈鞋和袜子，丝毫没有要让我这个班主任费心的意思。最后还是我自己感到不好意思，提出负责最后的代收费任务，并致电感谢热心家长。

整整两个礼拜，我班的歌伴舞节目从无到有，再到极具规模，倾注了全班孩子的一腔热血，尤其是那帮平时文文静静的女孩子们，练起舞来简直不要命，最多的时候，一天练习三节课，还会加上午睡时间。要不是我反对放学之后的加排练，估计练习时间会更多，真担心她们会累倒在舞台上。对于她们的排练，班长非常严厉，一遍又一遍地亲自进行动作示范，还自掏腰包给排舞的同学买来奖品，奖励那些跳得最好或者进步最大的。这一切，让我这个没有艺术细胞的男班主任十分汗颜。至于全班男生，也没有闲着，他们一方面积极练歌，进行了十余次舞台站位排练；另一方面，主动替女生们承担了班级值日工作，并承包了教室布置的工作，把教室打扮得极具节日特色。

最终的汇演结果，我们班是当仁不让的第一名，我们一起收获了属于我们全班的小幸福。这次汇演其实是全班同学送给他们自己和我们班级的一份大礼，而我的小幸福，也在于此。

> 我曾在《班主任之友》杂志发表过一篇题为"得之我幸，不得我命"的文章，其中这样写道："坦然面对学生，面对教育，本着那种"得之我幸，不得我命"的平常心，享受教育带给自己和学生的那份不一样的快乐，不也是一种真实教育的诠释吗？"因为不抱厚望，所以收获时候也会更加惊喜，每一个目标的达成都是额外的预期。就像这一次的班级节目排演一样，教师的小幸福，正是源于这样一种对于学生的信赖，对于教育理想和成就的一份释然。
>
> 点点思雨
>
> （姚贺国　浙江省杭州市滨兴学校）

## 幸福就是体验与生命一起成长

书畅爸爸来上家长课堂,给每个孩子带来了一小包蚕卵。蚕卵黑黑的,小小的,比芝麻还小。初一看,真看不出这能与那肥肥的蚕搭上关系,更甭说那展翅飞翔的蛾姑娘了。

孩子们端详着这些小玩意,兴奋不已。一年级的孩子,对新鲜事物都感兴趣,我暗喜。怎么"对付"这些已经被赋予了生命的蚕卵?我把问题抛给孩子们。

"把它们养起来!"孩子们几乎异口同声地回应到。

正中下怀——我也是有私心的,因为女儿害怕养蚕,刚好利用这样的机会,让女儿打破心中的恐惧,和蚕来一次"亲密接触"。再说,我正愁怎么帮助孩子初步建立说话写话的体系呢。

说干就干。我给孩子们提了条建议:写观察日记。哪怕蚕生长得很慢,有时候几乎看不出变化来,但我们的思维总在跟着日子一天天地涌动着。

这一举措得到了所有孩子和家长的支持。于是,全班总动员的养蚕工程开始了。同时,浩大的观察日记工程也开始了!

"蚕宝宝好像睡着了,怎么还不醒来呢?"

"蚕宝宝黑黑的,我真想把它们剥开看看,里面是什么样子的。"

"我希望蚕宝宝快点孵出来,我把蚕宝宝放在自己的口袋里取暖。"

……

第一天,孩子们这样写。真实有趣,让我心花怒放。家长偷偷给我发信息:"朱老师,自从养了蚕,孩子的说话写话兴趣大大提高了!"

第二天,孩子写道:

"我给蚕宝宝吹吹气,可是蚕宝宝还是没有动静。我很失望。"

……

第三天,孩子们坐不住了:

"今天蚕宝宝没有任何变化。"

"我的蚕宝宝啊,你什么时候才能出来呢?"

"我给蚕宝宝唱歌跳舞,可是蚕宝宝还是不出来!"

……

第四天,孩子们的耐心已经达到了极限:

"我的蚕宝宝可能已经死了,我很难过。"

"我已经很不耐烦了!"

……

就这样,孩子们的情绪起伏着,变化着,伤心着,激动着……

八九天之后,蚕卵开始孵化成为一条条黑色的小蚕宝宝。看着它们弱小的身体在桑叶上制造出一个个小小的洞,孩子们的眼里透出欣喜的光亮。

十五六天以后,桑叶告罄,家长们加入了采摘桑叶的队伍。于是,孩子们的桌子上出现了一包包鲜嫩的桑叶。

二十余天,蚕宝宝开始慢慢变白变肥,孩子们的观察日记也像蚕宝宝一样,从一句,到两句,到三句四句。

一个月之后,家长们开始加入写日记的行列,纷纷书写养蚕心得。

两个月后,以养蚕为主题的观察日记《足音》"出版"了。

---

> 我的文章里,没有一个词提到"幸福",可是,经历过那两个月的学生、家长和我,无一不感受到了巨大的幸福。老舍说,养花的过程有喜有忧,有笑有泪。孩子们养蚕的过程难道不正是如此吗?幸福是什么?幸福就是体验生命成长的过程,哪怕这个生命是微小的,也足以承载起成长过程中应有的价值。养蚕事小,但它给予每一个家庭的体验却是前所未有的。身为班主任的我,能够将一家之力、一班之力团结在一起感受生命的魅力,这不正是我的幸福与价值所在吗?
>
> 点点思雨
>
> (朱一花 浙江省杭州市娃哈哈小学)

# 第四辑
## 幸福于唤醒心灵,静待花开

\* 我们有幸成为孩子人生中的重要他人,或者在其人生的关键时刻能给他们以科学的点拨,这就是教育者最伟大的幸福。

\* 班主任的幸福很多很多,但我认为,最平凡而又最长久的幸福就是:当学生把教师所教的知识忘记时,却仍能深刻地记住你教给他们的那些可以一生受用的东西,那些能长久地滋养和温润他们心灵的东西。

# 摧毁他心中的隔阂

小旺不是孤儿，因为他的妈妈就在学校食堂做饭。小旺是孤儿，因为在他妈妈无情地抛弃他时，妈妈在他心里就"死"了。我决定解开小旺母子间的心结。

"孩子，能跟老师谈谈你妈妈吗？"

"我没有妈妈！"

小旺说起妈妈时，腮帮子一鼓一鼓的，眼光冷冷的。我知道，他心中积淀了太多的恨意。

"孩子，你肯定听过'虎毒不食子'的说法，你妈抛下你们，肯定有她的苦衷。"

"老师，我知道您的意思。可是，即使有千般理由万般无奈，也不应该抛下我们不管啊！您知道当年的情况吗？爸爸、爷爷相继过世后她就是我们的'天'。可是，当我8岁，我弟弟6岁，我奶奶62岁时，我们的'天'塌了。您说在我们那个穷得叮当响的地方，我们怎么生活啊？我想这辈子我是不会原谅她的。"

我注意到小旺跟我谈话时，始终是以"她"来称呼自己的妈妈的。估计短时间内不能改变他对妈妈的怨恨，所以我没有将谈话继续下去。我准备给他点思考时间，过一阵子再说。

半期考试后不久，我发现他上课时老不专心，而且总是忧心忡忡的。后来了解到：原来他妈妈本学期多次"碰见"了他。他没理妈妈，确切地说，他不知道该怎么办。

真是太好了，这是一个积极的信号！我必须把握好机会，消除他们母子之间的隔阂，修补他们之间的亲情，促成他们母子相认，最终让小旺生活在阳光之中。

当晚，我跟小旺进行了一次彻底的长谈。

"你认为你妈到我们学校来干活是一种偶然吗?我告诉你,她之所以到这里来,说白了,还不是想随时看见你?当然,你妈老'碰见'你,也不是偶然的。她可能是意识到以前抛弃你们不对,不过现在她肯定明白了,难道你就不能给她一个弥补的机会?"

"孩子,你知道我们班上有几个同学的父亲或者母亲去世了。每当父亲节和母亲节到来时,他们只能在内心深处寄托哀思。从某种意义上说,你是幸运的,至少你的母亲还健在,而且就在你身边。"

"跟你妈妈相比,你是一个大知识分子。你不知道宽恕别人是一种美德吗?何况她是给你生命的妈妈。古人有'买母行孝'的美德。现在你妈妈就在你身边,如果你不给你妈妈一个弥补的机会,那就相当于没给自己一个机会,也许你有一天会后悔的。何况你马上就要参加高考了,难道你想让这个问题一直困扰你,进而影响你的高考吗,孩子?"

整个谈话,我没有给他说话的机会,我要用理智和情感彻底摧毁他心中的隔阂。

精诚所至,金石为开。第二天,小旺找到我说他不住校了,他要搬出去跟妈妈住。

霎时,一股幸福的暖流传遍我的全身!

---

**点点思雨**

常有学生问我幸福吗,我的回答是肯定的。学生又问我为什么幸福,因为在他们的眼里,我年复一年地做着差不多相同的工作,做了将近20年,应该很有审美疲劳了。但是,我真的幸福!我的幸福不在于物质的满足,物质太过于满足精神会空虚,而在于精神的愉悦,愉悦的精神会让人心灵充盈;不在于所做之事有个圆满的结果,因为不是所有的事情都有圆满的结果,而在于对所做之事的全过程体验,因为从体验的酸甜苦辣中就能尝到幸福的滋味。

(任传述　陕西省榆林市府谷县第三中学)

## 你们开心，我才幸福！

青山怯怯地走到我的办公室。"老师，我想去一个没人找到的地方，让自己的心静一静。"任凭我怎么劝，也劝不住，我只好对他说："先别急，等我和你家长联系一下，好吗？"

电话的那端传来啜泣声："我也不知道山怎么了……"

青山刚入学时，很阳光、很积极。在我们班的"雷锋班"活动中，不怕脏不怕累，带着满手垃圾和灿烂的笑容与大家合影。

后来，我们组织"让花儿绽放蓝天"的信件交流活动，孩子们把发自肺腑的心声寄给远方的素不相识的同龄人。青山洋洋洒洒地写了四大张，郑重地封好口后寄了出去。

阴差阳错的，青山的信回寄到了我班。信里写了一段不堪回首的往事：上初中时，他到邻居家找邻家小孩玩，对方不在他就回家了。可是邻居家却丢了手机，而且硬说是青山偷的。此事闹到了学校，青山不承认却被强行戴上了小偷的帽子。青山的爸爸不信任孩子，硬逼着青山承认，并把他痛打了一顿。后来手机在邻居家找到了，却没有一个人还给青山清白。青山退学了。后来我校老师到他家进行招生宣传，青山便来到了我们班。

回信是我先看的。我看过信后，问他要不要我和他家长沟通一下，青山说："不用了。不公开读就行了。"我说："你要理解你爸爸，他只是望子成龙心切。"他说："我知道，没事儿。"但自此之后，青山一直萎靡不振，我找他谈过心，效果不明显。现在他的不良情绪彻底爆发了，我该怎么办呢？

家长是指望不上了。万般无奈之下，我在班里组织了一次讨论会，以青山的经历为模板，编了一个故事让学生谈谈自己的看法。讨论会上高潮迭起，学生们义愤填膺，几个学生还愤愤地说了自己经历过的误解和折磨。青山初时很激动地说:"这和我的经历是一样的,只不过他家丢的是手机,这里丢的是钱。"当他发现这就是自己的经历时,他开始沉默了,忐忑地听同学们发言。

随着讨论的明朗化,他慢慢释怀了。结束时我问大家:"如果这个孩子是你的同学,你想对他说什么?"很多学生说:"事情已经过去了,忘掉那些不快吧。"还有学生说:"我想给他温暖,最好的方式就是拥抱,我想抱抱他。"最后,孩子们一个个上前拥抱了青山。

深夜,青山给我发了一条短信:"老师,感谢您帮我走出了心理阴影,我知道以后的路怎么走了。"

在我收到短信的那一刻,我是最幸福的。我想说:孩子们,你们开心就是我最大的幸福,只有你们开心了,我才会幸福。

从那以后,青山又重新变得非常阳光和积极,后来还获得了学校运动会男子400米的冠军、乒乓球赛的亚军,参加对口升学时考上了一所大专院校。

> 教育的幸福不仅来自学生对我们的爱和付出,更来自我们给予学生帮助之后内心深处产生的成就感和踏实感。随着生活观念的更新和学习压力的增大,很多孩子都产生了心理障碍,尤其是残疾孩子和有特殊经历的孩子。能让这样的孩子从阴影中走出来,让他们明白他们和大家一样,并成为心态阳光的孩子,这才是最实在的幸福。我们有幸成为孩子人生中的重要他人,或者在其人生的关键时刻能给他们以科学的点拨,这就是教育者最伟大的幸福。
>
> **点点思雨**　　　　　　　　　　(张先娜　河南省巩义市第一中等专业学校)

## 真心酿成的幸福酒

2012年正月初二的中午，阳光明媚，小鸟喳喳。我正准备去朋友家吃年饭，突然接到第一届学生常的电话，他和几位同学要来做客。真是惊喜又意外，我既感动又诚惶诚恐！

那是离别22年之久的学生啊。当初，他们是五年级留级多年、自暴自弃、出口成"脏"的"万年鱼"，是很多老师眼里无药可救、无望考上初中而被漠视、被歧视的学生。我从一年级跟班到五年级时，学校为了升学率，让他们十几个最差的学生再次留级并编进我班。我曾为他们难过、伤心、流泪，但最终他们为我锲而不舍的真情所感化。他们其实是一群重情重义、纯朴善良的学生，留给了我满满的感动和温暖。如今，这份沉淀在心底深处20多年的幸福如同一瓶陈年老酒，正待我们师生一起来揭开、品味。

我立即准备饭菜等待同学们。没一会儿，常、全、金、齐四位同学来了，师生深情对望、握手、问候，我感动得满眼泪花。

席间，我们一边品尝我泡的蓝莓酒，一边叙旧。他们满怀敬意地说，我是他们一生中最难忘的老师，是他们遇到的老师中最好的老师。

齐深情地说："龙老师啊，我们当初那样调皮，你没像其他老师那样放弃我们、看不起我们，还把我们当兄弟来对待。你不知道，你当初对我们说的那些话对我们的影响有多深，我们一直以你的话为指导，现在长大成人了，越来越觉得你说的话都是真理。"

全说："是啊，我印象最深的是龙老师对我们说的那句'想要别人尊重你，你首先要尊重别人。而讲文明就是对自己和他人最起码的尊重'。现在我深深地体会到了。"

常说："记得我们几个要去打工，你亲自到家劝我们回学校。你说'即使将来当农民，也要当识字的农民，否则将被时代抛弃'。我们这才坚持下来并考上初中，齐还考上了大学。如果不是你，我们今天就是文盲啊。"

金说："现在很多同学还保持联系，一说起你，大家都很感动，觉得遇到你是我们的幸运。"

我听后激动地说："我也从没忘记你们，遇到你们也是我的幸运，是你们让我第一次体验到为人师的成就感和幸福感。我忘不了每次家访你们护送我回家的情景，忘不了我们一起唱响《水手》时的激越，忘不了你们主动修理课桌凳、砌花台、浇树苗的那份责任心，忘不了……"

整个下午，我们一直在交谈，直到傍晚他们才恋恋不舍地离开。

他们走后，我的心情久久不能平静。扪心自问：我何德何能，值得学生这样牵挂？

其实就是付出一颗真心，让他们感受到被尊重、被信任，从而重拾信心，自愿向真向善向上，做个值得别人尊重的人。我想，正是这份真心，才酿成如此纯正的幸福美酒，历久弥香，清雅悠远。

> 班主任的幸福很多很多，但我认为，最平凡而又最长久的幸福就是：当学生把教师所教的知识忘记时，却仍能深刻地记住你教给他们的那些可以一生受用的东西，那些能长久滋养和温润他们心灵的东西。作为班主任，还有什么比你的一句话、一个举动能让学生牢记一辈子，并影响他们的人生更令人欣慰和幸福的事情呢？他们今天的到来，让我更加坚信：爱的教育，是心灵的唤醒。
>
> **点点思雨**
>
> （龙福莲　贵州省黔东南苗族侗族自治州丹寨县南皋小学）

## 用心感化，收获幸福

那天上课，我正在布置课后作业，忽然一个男生的声音响起："这么多作业谁会啊，拿我们当猴耍啊！"

班级里突然鸦雀无声，静得连一根针掉下来都能听得到。谁这么无礼？抬眼看过去，学生们的眼神中难为情者有之，诧异者有之，冷漠者有之，更多的是担心。他们想的也许是：老师能接受这样的无礼吗？会不会发火？我们会不会经受一节课的语言风暴？……我一股怒火直冲脑门，脑海一片空白。工作几年，第一次有同学不但对常规作业提出不满，更在课堂上公开对抗。这对教师的威信、班级的风气将会产生多么坏的影响！

脑海里瞬间闪过很多很多的想法，但我还是压住火气，沉默了一会儿微笑着说："有的同学可能是还没有听懂课上讲的内容，对能否完成作业有一种担忧的心理，我先肯定这位同学有知识上的不足就及时反馈的做法，但是作为男子汉就应该勇于面对学习中的困难。我知道下课之后这位同学一定会勇敢地找到我，去面对学习上的疑难问题。"同学们的目光突然变了，变成了一种因我的包容和宽厚而产生的由衷的欣喜和敬意。

午休收到短信："李老师，我是××，我上午不是针对你，而是因为心情不好，也因为厌学不想上学了，实在对不起。"

看了这条短信，我匆忙赶到宿舍核实情况，同学们反映说："某某言论消极，现在已经离开学校了。"我想：他现在在哪里？不会想不开吧？我立即回拨电话，可发来短信的手机已关机。我焦急地给学生家里打电话，才得知该生是单亲家庭，母亲长期在国外发展，导致学生的情绪不稳定，厌学情绪十分严重。

孩子母亲声音满带痛苦与无奈："每晚我都打电话给孩子奶奶，

孩子连电话都不接。"远在国外的孩子妈妈哭泣不止。

家庭的破碎，母亲的无奈，学生的倔强逆反……我深深陷入了沉思。

两天后见面，我没有对××擅自离校提出批评，也不讲大道理。我从侧面谈起：谈做人、谈前途、谈行为、谈习惯、谈同学、谈朋友……孩子平复了情绪。我对他讲："所有哺乳动物的生产过程中人类母亲最痛苦，因为幼儿中人类的头部比例是最大的。科教片中母亲生产的实况录像，真实再现了生产时持续的痛苦和迎接新生命的喜悦。看过之后，你一定能够体会到母爱的伟大。你应该看到妈妈的痛苦与艰辛，在国外打拼的她，表面上看是女强人，实际无比脆弱，为了你以后的生活，才很少回家。"

他的眼里充满了泪水。

从此，这个一米九二的大男生成了我维持课堂纪律的特别助理，喜欢篮球的他经过刻苦训练成了学校的特长生，后来我目送他走进考场，再后来他考上了苏州大学。

每年大小节日我都会接到他的电话，第一句话便称我"义父"，我纠正他他却总也不改。每到这时，我总是感到异常幸福，幸福的是我曾陪伴一位学生在人生关口实现转变，幸福的是我用心换回了学生心灵之花的绽放。

---

什么是幸福？每个人有每个人的答案。作为班主任，收获师生间的情谊就是真正的幸福。冰心说过："世界上没有一朵鲜花不美丽，也没有一个孩子不可爱。"每个学生都是一本需仔细阅读的书，是一朵需要耐心浇灌的花。教师对学生情感上的宽容，是对学生人格的尊重。对教师而言，宽容地对待学生，在非原则问题上以大局为重，就能得到退一步海阔天空的喜悦。宽容地对待学生，意味着教师的教育思想要更加深刻，教育手段要更加成熟，而这也能构成教师的幸福体验。

点点思雨

（李　宁　黑龙江省哈尔滨市第三中学）

## 被毁掉的摩托车

同事买了辆摩托车,看着他那张被幸福涨红的脸,我不由得怦然心动——什么时候我也能买上一辆摩托车?

我为自己的想法感到幼稚可笑,孩子刚两岁,母亲年老体弱,夫妻二人的工资勉强维持全家的生活,哪有能力去买摩托车?

我把笑话讲给爱人听,可她却认真了:"过段时间我向父亲借点钱,再想法凑一些,咱也买。"

"绝对不行,结婚时我都没给岳父彩礼,老人还为咱们花了不少钱。"

"你别管,我说了算。"

一年以后,爱人果真向岳父借了3000元,加上自己积攒的1000元,又跟同事借了500元。那一夜,揣着"梦想",我彻夜难眠,我也要有摩托车了!

那以后,我把摩托车视为好伙伴,倍加爱惜,哪知道,一件意想不到的事却毁了我的爱车。

一天,我在学校看到两个学生拔下了同学自行车的气门芯,车轱辘顿时就瘪了,其中一个学生就是我班的小任。那段时间常有自行车气门芯被拔,学校没有修车部,害得学生回不了家,家长意见很大,找到学校。这回,我可找到"罪魁祸首"了。

批评教育以后,类似的事情再也没有发生。

原本以为事情就这样过去了。一个月后,我感觉摩托车声音不对劲,到修理部拆开一看,我惊呆了——机油箱里满是沙子,发动机已经报废。我纳闷,崭新的车怎么进了沙子?

修车师傅是我教过的学生,他悄悄地告诉我,房东家孩子小任曾向他打听过开机油箱的方法,说和老师结了仇,要报复。我一联想,没错,就是他搞的鬼!

我没有冤枉小任，他承认了。我找到了他家里，可那不讲理的家长，不但不批评孩子，还说我讹诈！我伤心透了，买摩托车欠了债，债没还完，车却毁了。更伤心的是，教育学生自己却遭了殃！

我发誓，再也不与这个学生打交道了。经过努力，我调离了那个让我伤心的地方，转眼就是十年。十年里，一想起我心爱的摩托车，伤口就隐隐作痛。

有一天，我在单位，主任说有人找我，我出门一看，是小任和他的父亲。我快速转过头，回到办公室，仇恨地瞪着窗户——当年毁了我的车，如今还要找我的麻烦吗？

只听"噗通"一声，小任跪在我身边："老师，请您原谅我当年的过失吧！"

小任的父亲来到我面前，"老师，孩子当年犯了错，我们又伤了您的心。现在孩子长大了，懂事了，挣钱了，可他一直为当初的错误后悔。不补偿您，他一辈子心里愧疚。"说着，他拿出了厚厚的一叠钱，"这些钱您收下，孩子长心了，我们也知错了！"

我心里五味杂陈，还有更多说不出的滋味，一股脑向我涌来，我心中突然像打了开天窗——有什么能比学生知错、悔过更让老师欣慰的？摩托车此时已不再重要，重要的是我十年的心结打开了。我任凭眼泪尽情地流淌，苦涩的泪水透着幸福的甘甜。我突然后悔十年前的决定，继而产生了重返校园的欲望。

> 人生真是一场奇怪的旅程，有时会与痛苦不期而遇，有时幸福也会让你猝不及防。十年的心结，十年的心痛，在那一刻化作一缕云烟，随风而去。那一刻虽然短暂，但却常常令我回味，令我感动，也令我陶醉。"生活就是这么怪，道是无情，情还在。"年轻人都会犯错，学生尤其如此，作为老师，要有足够的耐心，静待花开。相信学生，相信家长，相信自己的努力、坚持以及喋喋不休的教导总会有所收获。
>
> 点点思雨　　　　（刘振远　河北省承德市承德县特教学校）

# 有一种幸福叫感动

有轻微的残疾的小年,从小被父母遗弃在偏远的山村。没有父母的疼爱,只有相依为命的奶奶。12岁那年,他来到我的班。个头矮小,发音不准,常被同学取笑和欺负。那天,几个同学在做游戏,他用羡慕的目光盯着他们,"啊啊"地叫着,想和大家一起玩。一个同学似乎看懂了他的意思,大声笑道:"你连话都不会说,还想做游戏?快走,别耽误我们玩!"可怜的他,"咿呀"着伤心离去。

没有玩伴,孤单的小年一天比一天消沉。

凭借多年的教育经验,我相信小年没有智力障碍,只是发音不准,交流起来有困难。他缺少的是勇气和自信,我给他讲了克里斯蒂·布朗的故事——一个只有左脚能动,只能发出几个声音的残疾人,却成了知名作家、画家。我告诉小年,每个人都是被上帝咬过一口的苹果,都是有缺陷的,有的人缺陷大,恰恰是因为上帝特别喜爱他的芬芳。面对缺陷,我们不悲伤、不抱怨,更不能放弃。要坚信,只要努力,即使翅膀残缺也能飞上蓝天。

小年渐渐地变了,他开始主动帮老师发作业,课堂上也开始积极回答问题;面对嘲笑,他不再伤心地哭泣而是报以善良的微笑。看到小年的进步,我用鼓励的目光告诉他,他做得很好,坚持下去!一天、一个星期、一个月,奇迹发生了。当小年的作文《妈妈》被老师当作范文朗读时,他感觉眼前的世界被打开了,发现原来人生充满了可能。

寂静的教室里,小年在读《妈妈》:"没有爸爸和妈妈,我是一个被父母遗弃的山里娃,奶奶是我唯一的亲人。小时候,我曾因自己是没人要的孩子而哭过,也曾在被欺负时,哭着跟奶奶要妈妈。看到落泪的奶奶,我知道,我没有妈妈……今天,我找到妈妈了。她就是我的老师——宋妈妈。老师，让我喊您一声'妈妈'吧！""妈！"泪水与掌声同起，而我早已泣不成声！

教师节开完会，天已黑。借着昏暗的灯光，我来到办公室。"老师！"声音来自不远处的角落。"小年，你怎么在这里？""老师，教师节，我想送您一份礼物。"说完，他拿出一个布兜，里面满是山楂和核桃。"我一直在等您，门卫撵我走，我假装走了。我怕他再撵我，就偷偷地藏了起来。""啊，老师什么都不要，只要你快乐就是给老师最好的礼物！""老师，您一定要收下，这也是我奶奶的一份心意。奶奶不让我吃，说要把最好的给老师。"

一句话，一份情。这一刻，温暖我一生。

教育家卡尔·雅斯贝尔斯曾说："教育意味着一棵树摇动另一棵树，一朵云推动另一朵云，一个灵魂唤醒另一个灵魂。"幸福就在灵魂被唤醒的那一刻。爱是幸福的密码，感动是心灵的和弦！

> 微小的幸福是近在身旁的感动，而感动源于真心付出。每一个孩子，都是一朵花，都有自己的春天。教育的目的是让每一个孩子都能绽放最美的自己，教师的职责就是静待花开，聆听生命拔节的声音，那声音柔软、感动我们的心灵，温暖、幸福我们的一生。

**点点思雨**

（宋丽婷　山东省淄博市周村二中）

## 除夕的祝福

"吴老师,还记得小洋吗? 15年前您班上的那个调皮鬼。除夕夜他在北京给您拜年啦!祝您在新的一年里身体健康,工作顺利,万事如意!"除夕夜里的短信祝福频繁不断,唯有这一条特别醒目。

15年前?我努力地在记忆中搜索,一个桀骜不驯的男孩子浮现在我的眼前。

小洋是乡下孩子,家境相对贫困,他的父亲有腿疾,母亲是文盲,父母对他疏于管教。小洋是学校里出了名的捣蛋鬼,比较讲义气,是一群调皮孩子的头儿。当时的我刚走上班主任工作岗位不久,这个小洋是我在班级管理中最大的烦恼。

为了"擒贼先擒王",我多次去他家家访。有一天下雨,他很晚都没有回家。因为他父亲走路不灵便,我就陪着他母亲,从郊区的学校找到城里,一路打听,最后在一个网吧里找到了他。

那天夜里,我打着手电筒,深一脚浅一脚地踩着泥泞送他们母子回家。一路上,小洋都没有说话。回到家,气红了眼的父亲拿起棍子要打他,被我拦下了。我和他父母沟通的时候,小洋在不停地流泪。深夜,他送我出来,没有了之前的狡黠,满脸真诚地对我说:"吴老师,谢谢你!我以后保证不给你添麻烦了。"

说来也奇怪,从那以后,小洋好像换了一个人,农村孩子的淳朴重新回到了他的身上。不仅小洋改变了,班级里以他为首的几个调皮鬼也收敛了很多,我的班级管理一下子得心应手起来。

然而有一天,一个学生跑来告诉我,一群社会青年在校门口叫嚷着找小洋,小洋躲在教室里让他来叫我。原来是小洋不想再惹麻烦,就刻意疏远了原先混在一起的社会青年,没想到惹恼了他们,结果这群社会青年就来学校找茬了。我肯定了他的想法,并出面替他解决了这个问题。不料,学校德育处却以小洋与社会青年勾结为由,建议开除这个"害群之马"。为了保证他能安心在校园里学习,我最终以人格担保才让学校放弃了对他的处分。

一直到初三毕业,小洋都很努力,尽管成绩并不理想,但在其他方面都取得了不小的进步。后来听说他去北京做保安了,不过他一直没有和我联系。

没有想到,时隔15年之久,在这个万家团圆的除夕之夜,竟然收到了他的祝福短信,怎不令我感慨万千:做班主任是一辈子的幸福!

手机里依旧短信不断。

"老师,您辛苦了!值此新春佳节之际,祝您身体健康,万事如意!"

"老师,赵燕儿给您拜年了,祝您新的一年顺心如意,幸福祥和!"

"感谢老师三年的辛勤付出和谆谆教诲,在初中的最后一个学期,高航一定以实际行动感念师恩。祝您和家人羊年好运,和平吉祥!"

……

你也感受到我的幸福了吗?

> **点点思雨**
>
> 班主任苦,班主任累,这是众所周知的事实。但是,苦和累只是表象,幸福才是本质,优秀的班主任一定会在这些苦和累的基础上感受到教育的幸福。一个问题学生的转化,一个班级成绩的提高,一次活动节目的获奖,一个团队凝聚力的爆发,都是班主任幸福的源泉。只要我们真诚付出,以心换心,每个学生都是一朵静待盛放的花朵,都会带给我们无限的幸福!
>
> (吴樱花 江苏省苏州工业园区星港学校)

## 小胖的空花盆

阿铧，江湖人称"小胖"，自封"大眼帅哥"。我们教室在一楼，他的座位正对着朝南的窗户，窗户外面就是一个小花园。胖胖的他每天懒懒地弓在那，静静地看着窗外的草坪，谁也不知道他在想什么。有时他会接几句话，或者突然"嘻嘻"地窃笑两声。

他的成绩让所有教他的老师发愁，包括体育。自从得知中考体育占了50分之后，他开始担心自己会变成倒数第一，因为经常考倒数第一的那个男生是校田径队的。

也许实在是太无聊了，他值日时，每次水壶里都会剩一点水浇到窗台上的花盆里。周围有人笑他神经："老师，你看他多傻，花盆里又没花，浇它干啥？"

他推了推那副颇有迷惑性的超大眼镜框，不屑地瞟了对方一眼，继续浇。

和他一样关心花盆的，似乎只有我。哪天花盆里土干了，我会提醒他："该浇水了。"时间一长，他似乎把我当成了自己人。有一次我们谈理想，他对我说："李老师，将来我想当一名调酒师。"我说："好啊，很酷的工作哦。"

谁知第二天他就一脸沮丧地告诉我："老师，我估计当不成调酒师了，我爸妈都反对，他们想让我当医生，好像我真能考上高中似的。"我看了看花盆，又看了看他："阿铧同学，你相信奇迹吗？""奇迹？"他疑惑地望着我。"对，奇迹！你看这个花盆，也许有一天，它真的能长出花来。只要你有梦想，一切都有可能。"

那是一个周二的下午，阳光晴好，我一进教室就看见他兴奋地冲我笑。我走过去问他："是不是你爸妈同意你做调酒师了？"他摇摇头，将脸很绅士地移向一旁，眉毛轻挑，双眸含笑，那样子可爱极了。这时我才发现，花盆里竟真的长出了一片嫩绿的幼苗，怪不得他这么开心。

下课后，他会喊住每一个从他旁边经过的人，一脸骄傲地说："看看，哥种的！"

"老师，你说神不神，他们都不信干了这么久的土里能长出花来，只有咱俩信。"

"要相信奇迹！越是在别人不看好你的时候，你越要看好你自己，并证明给他们看。花盆空着，就永远是个花盆，只有长了花草，它才是美丽的风景。"

毕业那天，我收到他写给我的一封信："我不是一个好学生，没少拉班里的平均分，也没少给您找事……但您还是没有放弃我。以后不管怎样我都会记得我初中的老班叫李富华。我相信您能住上大房子，我相信您是一个很棒的老师，我相信您儿子会有出息，我相信您一定会幸福！我相信你华哥，就像你一直相信我一样。我会想你的……"

无数记忆的碎片在脑海里一一掠过，划着优美的弧线，转眼变成一只美丽的蝴蝶，穿过办公室，落在教室窗台的那一抹绿上，深嗅着野草的清香。

**点点思雨**

每个班里都有这么几个孩子，他们不喜欢学习，有着一身的小毛病，会给你找各种各样的事，让你苦恼，让你头疼，让你气急败坏，甚至让你产生黔驴技穷的挫败感。他们数量不多，却耗费你很多的精力，牵动着你的情绪。终于有一天，当我们不再去抱怨、苛责他们的时候，会发现他们是那么的真实而可爱。当你为他们做点什么的时候，他们会回报你更多。这种心与心碰撞激荡的情感汇成一条静静的河流，流淌在我们生命的深处，让我们感到幸福和温暖。

（李富华　河南省安阳市第七中学）

# 在对与错之外的田野上与孩子幸福相遇

峰是一个大事不犯小事不断的孩子。转到我班前,我对他已有耳闻。转到我班的第一天他就迟到了,我问他迟到的原因,他面无表情地直接说:"起床迟了。"说完,往地上一趴。我说:"这是干什么?"他答道:"做俯卧撑呀,我一口气可以做 50 个了,我以前迟到常常被罚做俯卧撑。"我问他还做过什么。他说打扫教室卫生、抄课文、抄英语单词……我说:今天你什么也不用做,想想今天迟到的原因是什么,明天克服困难,争取不迟到。他犹疑地看着我,转身回到座位上。

晚上,他在周记中写道:"这是屡次迟到以来,第一次什么惩罚没受就直接回座位,反而有点不自在。老师葫芦里卖的是什么药呢?"

我批:"药?老师没卖药呀。你喜欢一迟到就受惩罚吗?我可不喜欢。"

一个多月过去了,峰都没有迟到。正当我为他暗暗叫好时,他却又迟到了,而且是整整一节课。第一节课已经下课了,峰才赶来。我问他:"今天迟到了这么久,情况很特殊吧?说来听听。"他说没有特殊情况,然后竟然面带微笑,很轻松地说:"老师,我又睡过头了,醒来的时候已经迟到了,我想今天就装病不起来了。又睡了一会儿,可是睡不着,想着既然迟到了老师也不会惩罚,为什么要装睡呢?于是我立马起来,跑到了学校。"

他没有说假话,他是跑到学校的,他推开教室门时还在气喘吁吁。那一刻,看到他微笑的表情,轻松的面容,我很是纳闷:平时在老师面前,要么面无表情,要么沮丧泄气,今天怎么能保持如此阳光般的微笑呢?我问他,他说:"老师,有一次我上课睡觉,你问我晚上干什么去了。我回答说,晚上用手机上网,结果忘了时间,到凌晨一点多才睡。当时你说希望我少上网,并特别指出很欣赏我的诚实,所以我觉得今天还是诚实地跟你说比较好。"那一刻，我被这个孩子感动了。

苏菲派诗人鲁米曾说："在对与错的区分之外，有一片田野。我将在那里遇到你。"我们对学生的教育，是不是也可以在对与错、好与坏、道德与不道德的区分之外，寻找到那么一片田野，去触摸学生的心灵，去感受学生的需要，与孩子快乐地相处，幸福地交流呢？

我忍不住笑了，说："陈老师除了欣赏你的诚实，还很喜欢你阳光般的笑容。愿你笑口常开。当然，我还希望你能有时间观念，能养成守时的好习惯。我相信，一个诚实、阳光并且守时的你，会更让你自己喜欢吧？"

诚实、守时、阳光的峰后来又凸显出一些新的优秀品质：他主动提出要当化学课代表，成了化学老师的得力助手；主动回到学校过寄宿生活，帮助寝室长管理寝室纪律、卫生等。

面对峰的成长，我深深感到：站在对与错之外的田野上与孩子相遇，真是一件幸福的事情。

> 英国思想家亨利·皮查姆说："不含教育的纠正是平庸的虐政。"很多时候，老师喜欢以长者、师者、权威人士的姿态惩处孩子，教育孩子，而孩子并不希望有人教育他们，更不乐意有人惩处他们。他们所希望和乐意接受的是我们的尊重、理解、宽容和悦纳。因此，我们与其循环往复地使用惩罚手段或者说教方式让学生走向麻木，不如以师生都可以接受的方式更多地发掘孩子的优点，呵护他们的心灵，引导学生悦纳自我，发现自己的优点，健康快乐地成长。
>
> **点点思雨** 　　　　　　　　　　（陈立军　湖南省长沙市明德中学）

# 一封未曾寄出的信

每次想到2013年教师节收到的那封信总能让我眼睛酸涩，只因一句话："老师，我是有多庆幸能在此生遇见你，那年我十岁。"

想写封回信，任思绪飞扬！

"砰……"教室的门被重重地撞开，用力地砸在了墙上，又重新弹了回去。刚想说点什么，你径直走到了你位于教室最后的座位旁，那是全班唯一一张单人桌。"砰……"又是重重的一声，你连书包都没卸，就趴到了桌上，书包砸在椅背上。

"请你出去喊了报告再进来。"你纹丝不动。"请你出去喊了报告再进来。"你依旧纹丝不动。"请你出去，喊报告！"此刻，你转学这一个多月以来给我制造的大大小小的麻烦及由此引发的不满全都涌上了我的心头。你唯一的可爱之处——那夸张的虎牙、黝黑的皮肤，此刻也让人觉得如此的刺眼与不悦。"你到底出不出去？"我的手重重敲在了你的桌上，可你依旧纹丝不动……我也实在是泄气了，每次跟你的谈话都是这样不了了之。我转身不再理你……

那是我工作的第二年，面对这样的你，我真的犯难了，我该做点什么？在老教师的提点下，当天下班后我就走进了你的家。对于我的突然到访，你显然很意外，而更多的是不满，始终低着头坐在你那古板又不善言辞的爷爷身边。

家访的结果让我大吃一惊。当同龄人都还沉浸在家长们关爱的蜜缸里时，你的爸爸妈妈都在忙着做生意，常年在外，从不关心你的学习。没人教你学习，更没人教你怎样跟同学相处。种种恶性循环的结果是老师讨厌你，同学远离你，家长不管你，"三差"成了你的标签：学习差、品行差、人缘差。小小的你，自信消磨殆尽，剩下的也就只有自卑了。"自卑是心灵的蛀虫，一口一口吞噬希望的光。"于是，你把自己包起来，不让别人走进你的内心，不让别人了解你。试想，一个没有阳光心态的孩子，会有阳光般的生活吗？

临出门时，我忍不住偷偷地跟你说："对不起啊，是老师误会你了。"一个多月来从不曾正眼看我的你抬起了头，略带疑惑又非常腼腆地挤出两个字：呵呵。回家的路上，我不停地问自己，为什么你转学一个多月了，我到今天才来家访呢？为什么我从来只看到你倔强的脸，却从不去看看你倔强背后的孤独呢？我曾经又何尝不是一个留守儿童，那份孤独我又怎会不能感同身受呢？此刻，泪如雨下。

此后的两年多时间里，我竭尽所能在生活中、学习上成为那个能给予你阳光的人。毕业典礼上，当校长说"孩子们此刻去跟你们最爱的老师合影吧"，你第一个朝我飞奔而来，那如阳光般的笑容，如风铃般的笑声，比任何的奖状或奖杯都让我满足与幸福。

孩子，我是有多庆幸能在此生遇见你，那年我25岁！

---

**点点思雨**

班主任的幸福感源于何处？这是一道没有标准答案的题，却不厌其烦地被人问起。此前，要是有人问我，我想我会哑口无言吧。因为工作八年来我从不曾真正感悟到身为班主任的幸福，直到收到那封信。无法用言语表达读着那张小巧的杏黄色信纸上的文字时的心潮澎湃。只想说，那一刻我深切感受到了作为一名班主任的幸福。歌中唱"鲜花曾告诉我你怎样走过"，我道是"回忆将告诉你，我陪你一起走过"。

如果现在有人再问我这个问题，我会说：幸福，就是陪着孩子走过一段人生。

（丁建飞　浙江省嘉兴市秀洲区磻溪教育集团）

# 第五辑
# 幸福于融合沟通，春风扑面

\* 学生出现问题，我首先站在他们的角度考虑如何解决，而同学们也都能理解我的苦心，并给予我最大的支持。师生相处如同谈一场甜蜜恋爱，虽然有苦恼、矛盾，甚至还有一时的误解和怨恨，但我们都能一一化解，使师生间的感情进一步得到升华。

\* 作为班主任是幸运的，因为与学生相处的时间更长，交流的机会更多，走进彼此内心的程度更深。与学生在一起就能感受到生命的成长，生活的美好。与学生相处会使自己永葆青春，永远阳光，不为生活所累。陶醉于教育学生中，乐而忘忧，幸福才会在不知不觉间产生。

# 有一种幸福叫"你懂我"

早饭后的第一节课上,我的问题一提出,阿俊便一如既往地率先高高举起了手,用期待的眼神看着我,希望被叫起来回答问题。他的这种表现,在平时我倒不觉得怎样特别,这一次倒让我有些吃惊。事情还得从早饭前说起——

早饭前的自习课,我到教室巡视。刚拐上楼梯,就听见乱哄哄的说话声,我心里嘀咕:千万别是我的班啊!可偏偏就这么不幸,站在班级的后门,我看到同学们大多都在三三两两地嘻哈交谈,只有少数学生在学习。而作为班长的阿俊,对此不管不问,在座位上只顾自己低头学习,真的是"两耳不闻窗外事,一心只读圣贤书"啊!这样的情况以前也出现过几次,我也曾批评过他的管理不力和不主动,也曾指导过他该如何管理。现在又出现这种情况,我的怒火再也控制不住了,大步冲进教室,厉声责令全体同学起立,把全班同学恶狠狠地批评了一顿,最后点名批评阿俊的不作为,当即撤销了他的班长职务。

听到这一处分,阿俊的眼泪夺眶而出,用不满的眼神斜视着我,不服气地争辩:"不是我不管,你来之前我管了,可他们不听,我有什么办法?"

"你管什么管!我在后门站了一会儿,哪里听到你管了?"我有些气急败坏,没再理会他的委屈,气冲冲地走出了教室。

回到办公室,我赶紧平复自己的情绪,准备上第一节课。我也作好了课堂上阿俊会和我闹情绪的心理准备:他可能会低着头,不举手,不参与课堂互动;可能会趴在那里默默流泪,一动不动;可能会用一副满不在乎或是不服气的表情向我示威……但没想到,我所预想的都没发生。仅仅十几分钟,他竟然调整得这么快,像平常一样投入地上课,这倒让我吃惊之余心中生出些许的内疚!

"阿俊,请你回答这个问题。"我微笑着对他说。

阿俊也回了我一个心领神会的微笑,非常大声地说出了正确答案。

下课回到办公室,我忍不住拿起阿俊的自我教育日记,写道:"阿俊,今天你在我的课堂上,一如既往地积极回答问题,让我有些吃惊,更让我对你刮目相看。你真的非常了不起,没有因为挨了老师的批评、处分而闹情绪。我不知道你是如何调整自己的,但我现在反思自己当时的做法,有些太过急躁,伤了你的自尊。现在我向你道歉,希望你能接受。"

下周学生交上自我教育日记后,我迫不及待地翻开阿俊的本子,只见他工工整整地写道:"老师,你不用道歉,你的心情我能理解。我对班长这一职务的付出还远远不够。你放心,我没事的。今后我应该加倍努力,用实际行动重新赢回你和同学们对我的信任。……"

看到这里,我心中一酸,眼泪模糊了双眼,在泪眼模糊中,我写道:"阿俊,有一种幸福叫——你懂我!"

---

作为一名教师,我们可能会经常以偏概全地抱怨:现在的学生难教育,不懂得感恩老师,不求上进,在学习上不能吃苦等。这种心态,让我们降低了感受教育幸福的能力,错过了许多享受教育的机会,增加了很多的"职业倦怠"。我们不妨换位思考一下,如果我们能对学生也常怀感恩——感恩他们让我们有了"教师"这份工作,感恩他们的差错考验着我们的教育智慧,感恩他们的进步让我们有了成就感,幸福自然就会时时伴随我们左右。

(罗文芹 山东省泰安市岱岳区道朗镇第一中学)

**点点思雨**

# 这份工作给我带来了太多的幸福

一路走来,我对教书这份工作一直看得很重,总是全身心地投入其中。之所以如此,是因为这份工作给我带来了太多的幸福。

### 幸福,就是记得你

小锋,我的第一届学生,高中毕业已有 16 年了,但每个教师节他都不忘打电话祝福我。前段时间,我接到他的电话,他抑制不住激动的心情告诉我:"甘老师,我当爸爸了,我有儿子了。我想与您分享我此刻的幸福。"

"祝贺你喜得贵子。今后你就幸福地忙碌吧!呵呵!"

小锋和我的师生之情没有随时间的流逝而褪色,每当他人生的重要时刻,他都不忘告诉我:他当上西南政法大学学生会主席,被江苏省组织部选为年轻干部储备到南京工作,升职了,结婚了……

作为老师,幸福就是有学生记得你!

### 幸福,就是理解你

小伟,我 2012 届的学生。他复读时基础很差,但是一直很努力。我经常与他交流学习方法,鼓励他。他不断地取得进步,是很有希望考上二本的,但是天意弄人,高考那两天他出麻疹了。尽管如此,他在高烧的情况下还是坚持参加了所有考试。结果可想而知,小伟连三本线也没上。

我心里很为他难过,很想打电话安慰安慰他,但是觉得无从说起。正当我左右为难时,小伟竟然给我打来电话。

"甘老师,我知道我令人失望的成绩了。但是请不要为我难过。复读这一年,我过得很充实,学会了很多知识,明白了做人的道理,体验了认真做事逐渐进步的快乐，更重要的是我自信多了。我决定报个职业院校，好好学一门技术。相信我，我以后的生活不会比其他同学差的。"

说这些话时，他数度哽咽，但是我听出了他坚定的信心，我也感动得热泪盈眶。一个落榜的学生，内心没有责怪和抱怨，反过来还安慰老师。

作为老师，幸福就是有学生理解你。

**幸福，就是传承你**

我带的府谷第一届学生有好几个走上了教师岗位，其中小雯在一所初级中学教英语。他们学校不少老师对学生动不动就是"武力征服"，小雯对此很是看不惯。她不愿意像其他老师那样管理学生，但是学生又很不好教育，所以她经常以各种方式跟我沟通，讨论如何管理学生。

小雯常说："甘老师，我就想像您那样爱学生，亲近学生。但是，我的教学成绩不如'武力征服'来得快啊！为此，我很着急！"

"小雯，你不要着急。从长远来看，靠外力挤压出来的成绩肯定不如爱心滋润生成的知识更有生命力。当年，你们在我的爱心教育下都考上了理想的大学就是最好的证明！"

"甘老师，您的教诲再次让我茅塞顿开。我一定用您的教育理念去培育我的花朵，相信他们也会春色满园的。甘老师，祝福我吧！"

作为老师，幸福就是有学生传承你的事业和理念。

---

无论时代如何变迁，教师的工作从来都要用"心"去做，不断提升学识素养，完善道德修养，用自己的言行去潜移默化地影响学生，不断唤醒、激活存在于每个学生心中的智慧、自信心和勇气，在成就学生的过程中成就自己，在追求卓越的过程中实现自我，如此才能把学生也把自己引进幸福之门。

（甘小琴　陕西省榆林市府谷县第三中学）

**点点思雨**

## 五彩斑斓的听后感

一个阳光和煦的下午，趁孩子们测验，我捧起《班主任生活情趣100篇千字妙文》，反复玩味自己的拙作，越看越觉得意味丛生。

测验结束，望着组长们有条不紊地收着卷子，我却"余兴未消"：可不可以把这份快乐放大，让一个人乐变成众人乐呢？

我先征询孩子们的意见："想听老师写的故事吗？"然后，在他们的一致期盼下，我郑重地推出了这本书。翻到有我涂鸦的那一页，在前排孩子的亲眼见证下，我开始声情并茂地朗读："用绿色装扮生活……"室外的闹腾，并未影响室内的专注。当我读到"六出飞花入户时"，孩子们立即应和着"坐看青竹变琼枝"。一时间，教室里经典飘香！

"……来年冬天，我还要许你一隅春色！"掩卷，抚书，我激动地说："这可是我的文字第一次上这么厚的书呀！"不用说，孩子们用最热烈的掌声表达对我的祝贺。

我像个孩子似的，眼神清亮，脸颊发烫，谦卑地请他们谈谈自己的听后感。

蕊快言快语："这篇文章写出了老师对花草树木的爱，这是老师心里最真实的感受。"一语中的，我笑意蔓延。

接着，宇宸款款道来："老师从养花种草中想到了我们，想到了热爱生活，珍惜生命。"呵呵，高山流水遇知音。知我者，宇宸也！

子涵素爱经典："这篇文章的每个句子都很美。安老师活学活用，用了很多经典诗句。"我投桃报李："你说的每一句话也很美，你就是经典的代言人！"

雪芸语出惊人："老师，你人老心不老！"啊，我有那么老吗？"郁闷"呀！

幸亏贝贝跟着说:"老师,你一点也不老。雪芸肯定是看了《了不起的爷爷》,这句话是那本书里写的,雪芸把它用在你身上了。"哈哈,又一个"活学现用"的典型,我马上"转悲为喜"了。

煦迫不及待地站起来:"老师,即使你有一天老了,也看起来很年轻。因为你心里总有一片绿色呀!"看不出,这个腼腆的男孩,内心却灵气逼人。

帆独辟蹊径:"我以后要尽力做好,让安老师多一点启发,就能多写几篇好文章来。"多有意义的感受,孩子,我们一起加油!

"其实,你们好多人都已经是我故事的主人公了。帆,我有专门写过你的故事。"此言一出,帆好不得意。其他的小不点纷纷打听,自己是否也像帆一样幸运。我适时激励:"只要你们努力,老师就可以给你们写故事。老师也要努力,这样有一天,你们都可以为老师写故事啦!"

"耶!我们也可以为老师写故事!"孩子们的眼里写满了憧憬。这一刻,教室里充满了快乐与智慧的因子。

和孩子们分享喜悦,让我再次闻到了教育的芬芳,触到了教育的柔美!

---

**点点思雨**

虽然早已收到千字文的样书,但因"做人要低调",我总是悄悄地赏玩,那份文字变成铅字的快意也只有"天知,地知,我知"。独乐乐不如众乐乐。因为分享,我的快乐被放大了N倍;因为分享,我的孩子们有了更高更远更灿烂的梦想!

关于幸福是什么,每个人心里都有一杆标尺。我的幸福就是这么简单——守望教育,守望孩子,守望心灵的呼唤!

(安明星　安徽省芜湖市无为县北城小学)

# 与孩子一起总是这样简单

外面又在下雨，滂沱大雨，记不清有多久没见过阳光了，心情潮湿得几乎要发霉，好像一不小心就能拧出水来。六月的雨总是让人措手不及，把我的心打得七零八碎，怎么拼也拼不齐昔日的模样。此时此刻，在这样的雨天，窗外的栀子花清香怡人，我心茫然……

六月初已有零星的几个孩子生水痘了，也许是疏忽，也许是父母不想让孩子落下课程，所以一直"隐瞒"着，让孩子仍旧天天到学校。一天，我感到孩子们陆续发热很不对劲，于是注意到了霞。我发现她的手臂上有零星的斑点，便耐心地询问她，才知道原来她弟弟在幼儿园染上了水痘。当霞得知班级里的小伙伴也生水痘了，很委屈地说："不是我传染的，不是我，是我弟弟呀。"

水痘就这样"一传十"地扩散着，到了六月中旬便一发不可收了，班里先后有20多位孩子都生了水痘，停课成了必然。

在停课的两周里，我总是恐慌着，无聊着。没有孩子们吵吵闹闹的日子确实难受。我利用这段时间整理随笔，清理琐碎的事务，静静地读了几本书，看似休闲地浏览几个固定的网站，极力地想摆脱水痘的阴影。

时间真的是流水一般，两周很快过去了，可爱的孩子们都带着斑点回到了班级。我的心里既喜悦又惆怅，如何给孩子们上课是个问题，两周的时间对于孩子们来说只是一会儿，可对于他们遗忘的知识来说却是相当长的一段时间，虽然在"家长书"中明确写着该做的作业，可那终究是在家里，父母都要上班的啊！幸亏我平时教的课程相对平行班快一点，不然真的会焦头烂额。经过讨论，校长决定让我们班推迟两天考试。

这两天比两个星期还要漫长，语文、数学、活动，就这样单调地进行着，我和数学老师还有孩子们感觉一样——头疼！天气或闷热，或大雨倾盆，总给人心情上的折磨。看着孩子们的参差不齐的水平，我无奈地笑了。这些孩子有的半个月没有来学校，也有20天没来的，更有几个是离开了将近一个月的……好一个"复试班级"啊！

一天，我笑着对孩子们说，咱们是否也来个"检阅"啊，看看谁的记忆力很强，谁的听写能力很棒，谁又是故事大王，谁的阅读理解最好。批阅着试卷，喜悦在心头，同时为个别孩子的不踏实而思索着，却又总替他们找原因——孩子们还小呢。

想着孩子们的笑脸，不觉笑了，一个个小不点儿过了一个暑假一定都晒黑了，长高了，也更调皮了。真希望自己也变成一个单纯快乐的孩子。与孩子一起总是这样简单，简单真好！

**点点思雨**

有一种幸福叫简单。窗外，阳光偏西，几缕阳光似乎过滤了空气，一股清新流溢着。想象着孩子们单纯快乐的表情，相信，在初夏的微光中，眼睛看不到的，心会看到。

（曹丽玉　江苏省太仓市新湖小学）

# 让幸福站起来

**序 曲**

匍匐在地的牵牛花,一直在寻找站起来的机会,花样的真情表白,让人动容;深山中的松树,即使遇见狂风暴雨,也要尽力站直。我们也要学会让幸福站起来!

**第一乐章:幸福和学生站在一起**

当晨曦透过薄雾洒向大地的时候,学生们的书包里就有了幸福。校门口的千年柏树,张开茂密的枝叶,迎接第一缕阳光,把老师和学生们一起拥入怀抱。老师的眼里,总会有种盼望,盼望这些像小柏树一样的孩子们能够茁壮成长。风雨不怕,有大地的坚实基础;雷电不怕,有智慧的温柔后盾。

当课间老师走进教室,学生们迎上去拥抱老师的时候,幸福就在眼前。老师手里的粉笔能够指点江山,激扬文字。课堂上,学生扬起小手回答问题的声音就是生命拔节的声音,又像是琴键的旋律。作业本上,学生的书写,是行行诗歌,激情而有味。

当夜间灯光透射到操场,那是学生和老师们幸福的晚餐时间啊。

**第二乐章:幸福和家人站在一起**

周末,和家人一起分享平静的幸福,或者逛书店,看看有什么新书出版了;或者走进步行街,看看有没有合适的衣服;或者走进公园,嗅嗅清新的花香,让芬芳氤氲周身。这样的周末,尽管短暂,却很有意义!

节假日,开个家庭"联合国会议",父母兄弟姐妹,都被各自的幸福滋润着,也在展示着各自的魅力气质。父母是长辈,自然首先发言，强调几句，仪式正式开始。兄弟姐妹一个个铆足劲儿，也想好好展示展示自己的"发达智慧"。笑声往往就是最美的醇浆，先来一杯，还酹江月，回报祖先。

和家人分享的不单单是幸福，还是世界上最美最美的时光。

**第三乐章：幸福和安详站在一起**

春天，遇到奔流的小溪，问候一句："你好！自然兄弟！"小溪"哗哗"往前流淌，不停留。学生们就在小溪边开始朗读朱自清的《春》。

夏天，听见了地震的噩耗，赶紧跑回家里，和爸妈商量捐款救灾。尽管时间不允许我们前往灾区，帮不上大忙，就奉献点善良吧。

秋天，农家乐里累累果实挂满枝头。红彤彤的脸蛋映照着橘树枝头那个最红的橘子，"咯咯"的笑声吓坏了树下散步的黄毛小雏鸡。农家乐的小狗，也会赶来凑热闹，"汪汪"叫几声，传递喜悦。

白雪皑皑的冬天，收藏者们总喜欢把快乐也藏起来，藏进一间温暖的卧室，享受生活的安详与静谧。冬季的风儿，却喜欢探听春的消息，一有机会，就快乐地带着阳光第一个跑进老屋，把耄耋老人都喊出来，晒晒久违了的温暖太阳。

---

幸福来自内心世界的丰富和充实。张万祥老师告诫青年班主任要"多读书，让自己的精神世界更多书香"。当一个人有足够的智慧后，幸福才会成为很自然的事情，就像田野上挑着颤悠悠的扁担的农民，劳累并幸福着，紧张并舒展着。要让幸福站起来，享受更多的阳光。在幸福者眼里，时时处处都站着幸福。做一个乐于奉献，善于发现幸福的班主任，这样，引导学生追求理想时才会有足够的底气。只要有机会，就要敢为人先，创造自己的幸福！

（黄长贵　江西省宜春市上高县田心中学）

# 享受"青胜于蓝"的幸福

2014年的暑假,我参加了我教的1995级学生在赤峰组织的同学聚会。孩子们从全国各地赶来相聚于红山脚下,尽情地欢笑,肆意地玩闹、畅谈,回忆高中时的一朝一夕,简介各自的现状,畅想未来的美好生活。置身其间,我好像又回到了当年。

晚宴结束后,学生小丽和小琴非得要和我来个彻夜长谈。看着她们俩,我的记忆又回到当年教她们时的情景。小丽,成绩一般,活泼外向,喜欢唱歌,喜欢开玩笑,行侠仗义,做事好出风头。小琴,成绩中等,性格较内向,和同学老师都能很好相处。我询问她们两个的现状。她俩接过话茬,开始滔滔不绝地讲起各自的经历。小丽在辽宁大连,开了一家化妆品公司,下面有几家分公司,直属员工近百人,年利润大约五六百万。小琴在甘肃兰州一家畜产品加工公司任销售部总经理,营销面积扩展到全国大约十多个省市,年销售额最低在五六千万,个人年薪也很可观,此外自家也开了一个小公司,主要由丈夫打点。

听过二人的简单介绍后,感觉她们发展得都很好,为师的我也频频点头称赞。其实,为师的幸福之一就是看到自己的学生"青出于蓝而胜于蓝"。

之后,她们就开始探讨如何进一步把各自的公司做大做强。此时的我就像个小学生听两位企业大师讲课,其乐无比。小琴说,要想把自己的企业做大,必须以诚信经营为本,必须付出实实在在的劳动,她每天都跟员工、顾客打交道,忙得不可开交,虽然感觉很累,但非常充实。我追问了一下她这样做的原因,没想到她说:"我主要是受您的影响,高中时,您为人实在,在教学上也实实在在,任劳任怨。受您的影响,我才走到了今天。"

此时，我才顿悟，我留给学生最重要的不是什么知识，而是性格上的力量和对工作的态度。

轮到小丽说了，她发展壮大企业的着眼点是加强对公司员工的管理，她通过对员工进行国学讲座，用"孝道"统一员工的思想，让每位员工都把公司当作自己的家，把公司的事当作自己的事，尽全力为公司谋发展。同样，等她说完了，我也追问了她为什么那样做。她说："我也主要受您的影响。老师，当时您刚毕业就教我们，工资很低，但是您为了帮父母顾家，为了供两个弟弟和一个妹妹读书，您付出了一切，这是您对我最大的影响，所以我认为中国传统的孝道非常重要，我们完全可以将其用到企业管理上，用它来统一员工的观念，这样就能把企业做大做强。"

此时，我又大吃一惊，原来教师的言行举止、所作所为可能影响学生的一生。

"青出于蓝而胜于蓝"带给教师的不仅仅是欣慰，更是一种精神上的享受。给自己的学生当"小学生"也是一种无法言表的幸福。感谢学生给我上的这一课，让我体悟到，我们在享受幸福时，也要探寻其来源。要谨记，教师留给学生的不应该仅仅是知识，更重要的是教师的人格品行、工作态度、言行举止、所作所为！也许这些才是教师教育学生时最需要的。

（林玉春　内蒙古自治区赤峰市敖汉旗新惠中学）

# 那些幸福的碎片

班主任的幸福是什么？当我打开记忆的闸门，回想十多年的班主任生涯，那些幸福的碎片顿时从我的脑海中缓缓飘出……

### 一次家访

每接手一个班，我都会利用双休日时间对班里的每一位学生进行家访，其中有一个叫小华的学生让我难以忘怀。小华的爸爸常年在外，连过年都不回家，也从不给家里寄钱，全家人生活靠妈妈打工来维持，小华由70多岁的奶奶照顾。小华喜欢上网，又管不住自己。多次对他教育无果后，我决定第三次到他家走访。

到了小华家，从小华奶奶口中得知他没有钱吃饭，我立即从衣兜里掏出100元让他去买饭卡。家访结束后，小华的奶奶竖起大拇指对我说："老师，你真不错，你真是一位好老师，小华在你们班，我放心！"这一次家访，让我赢得了家长的信任。

### 一个苹果

一个圣诞节的晚上，第一节晚自习下课后，学生们纷纷拿出藏在桌子里的苹果放在讲台上。一会儿，讲台上便摆满了苹果。我一时半会儿理解不出他们的意思。一位学生提醒我说："老师，您忘了，今天是圣诞节啊，祝您圣诞快乐！"此时，我才如梦初醒，原来孩子们是借圣诞节送苹果来表达对老师最诚挚的感谢。我没有想到，一向对他们严厉的我，却赢得了他们的信任。

一个苹果，一份心意，它让我更加坚定做好班主任的信心。

### 一条短信

小强是最近分到我班的学生,他从小就失去了妈妈,跟多病的爷爷奶奶生活在一起。他从小顽劣,之前经常旷课,爷爷奶奶对他没有一点办法。这次,是他的爸爸专程从外地回来,把他交到我的手上。当着他爸爸的面,我与小强约法三章。之后,我与小强父亲约定,有什么事情我会与他短信联系。这次贫困补助如期发到小强手中,放学后,我发了短信告知他的父亲。晚上,我收到了小强父亲发来的短信:"我刚下班回来,看到你的信息,我很感动。小强这个学期有希望了,全靠你照顾了。"读着短信,我收获了满满的幸福。

### 一本"电子书"

学生进入九年级,从开学的第一天起,我就开始着手为他们准备毕业礼物——"电子书"。我让学生们轮流写班级日记,毕业时一共积攒了150多篇,共六万多字,全部收进"电子书"中。"电子书"中还有我们的全班毕业照和历次活动的合影、中考誓言、获得的荣誉和学生的个人照片等。毕业后,我将精心制作的"电子书"通过QQ群发送给每一位学生。在学生收到这份珍贵的礼物的同时,我也收到了《中国教师报》上即将刊发我的《"电子书"礼物》一文的好消息。

班主任的幸福是什么?一次次家访,一个个苹果,一条条短信,一本本"电子书",组成了快乐老班的幸福人生。

---

**点点思雨**

其实,幸福离我们并不遥远,它就在我们的身边,就在我们平时的点滴生活当中。只要你静下心来,用爱心、耐心和细心去用心编织与学生在一起的每一段时光,用一双敏锐的善于发现的眼睛看这个多彩的世界,并拿起手中的笔,去认真书写这些生活中的"琐碎",终有一天,你也会从这些记忆的碎片中收获满满的幸福。

(付义六　湖北省黄冈市黄梅县蔡山一中)

# 和班级谈一场甜蜜恋爱

因需外出学习集训,临走时为班级插了一个小花篮,放在讲桌上。正是晚饭时间,同学们都不在教室。

**"情书"**

在黑板上留封"情书":"孩子们,老师明天就去学习了,希望你们乖乖的,棒棒的,口号喊得响响的。花是老师送给你们的,加油啊!祝心情愉快!"

那几天,不时地收到学生们的短信:"老师,你什么时候回来?我们好想你啊!""老师,我们很好,加油啊!""大朋友,谢谢您一直以来对我们的鼓励,在外面学习挺累的吧,要多注意身体哟!"……

我也真的好想他们,想见到他们,那天提前从培训学校返回,急匆匆地"潜"入学校。是的,是潜入,以防被他们看到。在实验室里有些焦急又满心欢喜地为他们插盆鲜花,那种心情好像是恋爱中的人在偷偷准备礼物,只是想给对方一个大大的惊喜。

**"情话"**

教室门口,思园几个见到我回来便高兴地嚷着"老师来了",教室里立刻响起热烈的掌声。我站在前面,师生都不说话,只是我看着他们,他们看着我。我"扑哧"笑出了声:"这几天还好吧?""我们很好,就是想你。"学生们撒娇。特别是大鹏,托腮看着我,说得声音最大。

"上课表现怎么样?""还可以!"同学们大声答道。

"英语课怎么样?""很好。"

"生物课怎么样?""不错。"

"孙老师（我老公）是不是上课很乏味啊？"全班哗然，"哪里啊，平均一节课要把我们逗笑五次哩。"这些猴崽子，倒知道逗我开心。

"惹老师生气了吗？"我知道他们曾在植物课上让老师不高兴，但最后又自己解决了。"没有，没有。"他们忙不迭地摇头摆手。

"惹植物老师生气了吗？""惹了。"蔫蔫地点头承认。"有没有哄好啊？""哄好了哄好了，现在上课可高兴了呢。"教室里又是一阵喧闹。

"语文课怎么样啊？"这期才换了语文老师，要了解下课堂情况。"老师有点吓人。""吓人？不会吧，语文老师多帅啊。""说话有时阴沉，猛地又抬高音调。就是笑也让人害怕。"同学们七嘴八舌。

"真的呀，那七班同学不得怕得要死啊？这样也好，女老师爱唠叨，你们就缺一个有阳刚气的男老师。""切，七班男生才不怕呢。""还不唠叨，唠叨得要命——他班学生说的。"

"啊？那我呢，我唠不唠叨？"我紧张兮兮的，怕学生们对我不满意。"嗯，还行吧。"

"是还行啊，还行就是唠叨，你们说实话，如果唠叨，我改啊。""不用改啊老师，我们就喜欢你那样，你改了我们还不适应了呢。"

……

---

**点点思雨**

作为一名职校班主任，学生迟到旷课、抽烟打架、上网包夜、偷懒耍滑等现象充斥着我的教育生活，但我内心却也时常充满喜悦和感动，因为师生间相互理解尊重，水乳交融。学生出现问题，我首先站在他们的角度考虑如何解决，而同学们也都能理解我的苦心，并给予我最大的支持。师生相处如同谈一场甜蜜恋爱，虽然有苦恼、矛盾，甚至还有一时的误解和怨恨，但我们都能一一化解，使师生间的感情进一步得到升华。

（马彩云　江苏省南京工程高等职业学校）

# 寻找回来的幸福

登上讲台的第二年,我第一次作为班主任走进了一个新集体。这个班级的学生非常活跃,但成绩较差,语文基础更是薄弱,还常常需要我维持课堂纪律。对此,年轻气盛的我很是恼火,对学生当然很不满意。我急于解决问题,但往往事与愿违。

一次在讲课,我带领学生复习有关李白的常识。提问学生李白的字,他们比较轻松地答出"太白"。可当我继续提问李白的号的时候,他们沉默了。这时,我听见有人怪声怪调地大喊:"太白金星!"全班同学哄堂大笑。我顿时火冒三丈,正好这个学生平时也比较调皮,于是我就厉声斥责了他,让他站到教室最后,一站就是一堂课。这是我第一次发这么大的火,全班都战战兢兢。

当时,我对这个班级真是失望透顶,觉得他们一无是处。后来的几天,我非常严厉,学生们也都小心翼翼,班级气氛很是压抑。

三天后是年级的足球比赛,输球似乎是一个必然的结局。看着那一张张满是汗水的脸庞,看着那一双双沮丧无神的眼睛,我突然感到了心疼:他们同我的年纪相差并不多,为什么我仅仅把他们看成是学生而不是弟弟、妹妹呢?我在一边旁观尚且因为输球而难受,更何况场上场下奋力奔跑呐喊的他们呢?

正好接下来就是我的语文课。于是,我先买来面包、香肠和饮料,分给没来得及吃午饭的同学,然后干脆把那堂课改成了座谈。我第一次表扬了他们的集体荣誉感,认真听了他们对失利原因的分析后又给了他们满满的鼓励。下课前,足球队长特意站到讲台上对我表示了感谢。后来,孩子们在周记中说:"老师,谢谢您的关心,更谢谢您的理解与支持。"

我真的反省了自己:看,他们是一群多有礼貌的孩子啊,怎么会一无是处？我第一次找到了当班主任的幸福。

后来，随着不断地深入接触，我越来越清楚地看到了他们身上的优点。不错，他们也许在学习上不是最出色的，但是他们一样正直、善良、团结、友爱，一样懂得关心别人，热爱生活，也在努力地让自己生活得更加精彩。他们可以在运动会上为了集体的荣誉而拼命奔跑，累得大汗淋漓甚至呕吐不止。他们可以在联欢会上自编自演精彩幽默的节目，甚至让隔壁班级也被吸引，笑声不断。班里同学生了病，他们自发地组织起来去探望，甚至在高考冲刺的紧要关头也不忘给身患重病、不能参加高考的同学送去鼓励和祝福。他们会在开学前将教室打扫得干干净净，会画出缤纷美丽的黑板报……他们会在我疲倦的时候给我讲笑话，在我生病喉咙嘶哑的时候将一瓶水传到讲台上，并在我的办公桌上偷偷地放一盒润喉片。

他们仍然会常常犯错误，但每次犯了错误后都会主动承认，并且诚心改正。他们开朗热情，就连那个被我罚站的学生也没有记恨我，无论何时何地见到我，他都会冲上来热情地打个招呼："嘿，策姐！"

就是这样一群学生，让我感动，更让我幸福。我不再只注意他们的缺点，而是多关注、多放大他们的优点。于是，我与同学们的关系越来越亲密。他们愿意与我交流，与我谈心，有时候甚至有点儿"没大没小"。他们越来越信任我，课堂的效果和学习成绩也越来越好。

这班学生毕业后的第一个教师节，我手机的短信提示音简直没完没了。那一刻，被爱的幸福溢满心间！

---

**点点思雨**

每一个孩子都是天使，身上都有闪光之处。所以对待学生，不能先入为主，不能只看到他们身上的缺点，而应该充分关注他们的特长与优势，多放大他们的优点。明白这一点并加以尝试，你就能走进学生的心灵世界，构建最和谐的师生关系，在点滴付出中收获浓浓的爱，寻找到满满的幸福。

（杨　策　黑龙江省哈尔滨市第三中学）

## 幸福的思念

要去上海参加教育教学专家培训班，我很兴奋。但一想到要去十天，想到我那个刚有些起色的新班，兴奋很快在纠结中凝固。在领导担心、朋友提醒、学生喜忧参半的矛盾中，我还是如期踏上了南下的动车。

在疾驰的动车上，我努力劝自己好好享受这份难得的自由与清闲。但随着距离一点点增加，担心与侥幸都渐渐地变成了思念。带着这份思念，我本能地打开电脑，将自己的感受变成文字写进了给学生的信里。

"姚老师，你的离开的确给班里带来了不小的震动，有乱的迹象。但你的信感动了同学们……"这是李老师给我回复的邮件，其中的描述让我感到些许安慰。于是，在每天培训学习的间隙，我开始了书写一封封"家书"的历程。

"姚老师，快点儿救火，孩子们等着读你的信呢！"那一天，因为学习班会餐，信发得晚了，李老师给我发来了求救短信。这让我意识到，孩子们已经习惯了每天聆听老班的来信。都说距离产生美，我也终于有了切身的体验，在由距离而生的思念里，每一个孩子都有了天使般可爱的模样。

"姚老师，我们想你了，没有你的这段时间，我们一点也不快乐。""老班，每天听你的信，我们都会感动得掉眼泪，本以为你走了，我们就自由了，现在才发现，我们离不开你。"……

每天都会收到学生的短信和邮件，每天都会为彼此的思念感动着，幸福着。

"老师，告诉你一个好消息，上周的量化评比，我们班还是第一名。"得到这个消息的时候，我竟然热泪盈眶，因为我很欣慰，孩子们真的长大了。

十天，十封信，近两万字的心灵倾诉。这是我此次上海之行的额外收获，但我收获的又岂止这些。

终于到"家"了，当我打开教室门的一刹那，学生用尖叫与掌声欢迎我回家。而后，又马上安静下来。七位同学代表起身，合诵了一首写给我的诗："您用火一般的热情，温暖着八班的心房，我们的心被您牵引为您激荡……老班，我们爱你，老姚，欢迎你回家！"然后，同学们一起扑向我的怀抱。每个人的手里都握着一封写给我的信，心形的折纸，暖暖的真情，信中包着爱与思念，更饱含了信任与感恩。

那一刻，我恨自己的怀抱太小，无法将每一个同学都拥入怀中。那一刻，我恨自己竟如此脆弱，一个大男人三番五次被眼泪奚落。但即使落泪，我依然始终保持着幸福的微笑，这微笑源于教育最本真的爱与信任，这幸福源于我又一次拉近了与学生心灵的距离。

"老班，是距离让我们重新认识了您，让我们将浪漫进行到底！"这是学生在教室的黑板上为我写的欢迎标语，这标语也深深地刻在了我的心里。

> **点点思雨**
>
> 幸福源于爱与信任，幸福源于投入与坚持。面对冰冷的距离，应付的情感会被淡化搁浅，但爱与信任却可以让真情变得更纯更浓。不要让表面的骄躁遮挡了教育的美丽，不要让机械的重复熄灭了理想中的激情。面对个性迥异的孩子们，教师要付出比其他行业的工作者更多的辛苦，倾注更多的精力。但也正是这更多的付出，才让我们在投入与辛苦中收获别人不可能触及的幸福。让我们用爱创设一些浪漫，给教育一些美丽的畅想，给学生一些倾心的期待。
>
> （姚俊松　河南省濮阳市第四中学）

## 暖暖一杯茶

　　成为教师不久,感觉自己备受冷落,一时间从事教学的热情全都消失了,每天神经都绷得很紧,内心苦闷却无处诉说。终于,在那个深秋,我病倒了。一个人躺在屋子里独自伤心,发了高烧也不愿吃药。

　　十点多的时候,门被推开了,一个小身影探进来,我知道是班里个头最小的小闫,他轻轻叫了两声"老师,老师",我懒得理他,故意不作声。

　　别看他是小不点,可是没少跟我作对,最爱戏弄我,常让我哭笑不得。我不想理他。他并没有在意我的冷淡,走上前来看了看,小心地把手放在我的前额上。

　　"老师,你发热了!"他惊奇地叫道。我把他的手拿开。

　　"老师,你吃药没有?"我想把他推出去。

　　"老师,我叫人给你看病去。"他转过身就往外走,我不想惊动其他人,一把抓住他:"不用了。"

　　"你这样会烧坏的。"他担心地说。

　　"没事,吃过药了。"我撒谎道。

　　"哦!"他想了想,打开热水壶,倒了一大杯茶,放在我的枕边,那热气一下扑到我的脸上,有一种异样的感觉。"我妈说,发烧的人应该多喝茶,不然会烧坏的。"

　　他现在完全像个大人一样,我则完全成了一个不懂事的小孩子。

　　"你回班里去吧。"我对他说,"不是没有人上课吗,你让班长安排大家上自习吧。"

　　"已经安排好了。"

　　我吃惊地看着他。他说:"今天一到班里没见到您,就感到很奇怪,大家都知道您不会起晚的。知道您病了,他们就没有打扰您,派我来了。"

"班里的同学遵守纪律吗?""放心吧。"

不远处的教室的确很安静。突然之间,我感觉小闫完全变了一个人似的,变得善解人意。我开始自责,虽然生活中有许多的不如意,现实与梦想有太大的差距,可是自己毕竟是成年人,不是小孩子了。我为自己的行为感到羞愧,同时也觉得自己并不孤单。

"你回班里去吧,我没事的。"我说。

"你喝下这杯茶吧,不然凉了。"他把茶递给我,我接过来,双手把茶杯捧在手里,轻轻地喝上一口,一股热流顺着嘴一下子冲进内心,很快遍布全身。一时间,我感觉我喝下的不是热茶,而是一股无穷的力量,浓浓的情谊。

不久屋子里围满了班里的学生,这间小小的屋子顿时变得温暖起来,我再也没有了那种寒冷和不安。

在那一瞬间,我心中被冷落的感觉一下子消失了,我发觉学生就是我最暖心的宝贝,在我最失落的时候出现。我感觉自己不能以一己之私,而丢掉那些可爱的学生。

上课铃声响起时,我吃了几片药,便走上讲台。我看到小闫和其他学生关切地望着我,那种久违的幸福顿时让我的病好了许多,我又精神振奋地上起课来。

> 幸福存在于人的内心,它无关乎地位的高低、财富的多少、名誉的大小。一个幸福的人,善于捕捉那些稍纵即逝的点滴,容易满足于一个相视的微笑,一个真诚的赞许,一声关切的问候。
>
> 作为班主任是幸运的,因为与学生相处的时间更长,交流的机会更多,走进彼此内心的程度更深。与学生在一起就能感受到生命的成长,生活的美好。与学生相处会使自己永葆青春,永远阳光,不为生活所累。陶醉于教育学生中,乐而忘忧,幸福才会在不知不觉间产生。
>
> **点点思雨**
>
> (祝 贺 安徽省太和县桑营中学)

## 痛并幸福着

下午三点四十许,我正在上英语课,同学们认真地做着课堂练习,教室里一片安静。

突然,"嘭"的一声,门开了。接着,就是一声怒吼:"小娜,装书包跟我走!咱们不上了!"我和同学们都震惊了。一名40岁左右的男子满脸通红,一身酒气,怒气冲冲地站在门口。我还没反应过来,就听到他对我劈头盖脸地数落:"你凭什么让我们写检查?不就是个臭老九嘛,有什么了不起?……"原来,他是我班小娜同学的父亲,对女儿因与同学打架而被要求写检查一事不满,来学校闹事。

我强忍着委屈,站在讲台旁,一声不吭,任凭他在那里不停地炮轰。

过了一会儿,班长小絮站起来,大声说:"这是教室,我们在上课,请你马上离开!""关你屁事呀,你给我闭嘴!"

接着,体委小远也站起来,说:"这是学校,由不得你在这里闹。如果有意见,你去找校长。"小娜的父亲仍不示弱,还欲继续。

这时,更多的同学站起来指责他,纷纷喊:"出去!出去!"这时,小娜已装好书包,赶紧跑到门口,将她爸连拉带扯地拽走了。

我关上门,再也忍不住了,扭过头,不停地抹眼泪。学生们立刻跑来安慰我。我含着泪水,向他们挥挥手,说:"都回去吧,老师没事。"我努力平静了一下心情,继续上课。

放学后,许多学生又来劝我。"老师,不要和醉汉一般见识,我们知道您没错。""老师,我们理解您的感受,也为您感到委屈,但在我们心中您一直是宽宏大度的,相信这次也不例外。""老师,您每天为我们做的,我们都看在眼里,记在心里。我们知道您是一位好老师,好妈妈!"……

听着学生句句真心的劝慰，我逐渐平静下来，一种幸福感油然而生。虽然那位家长的无理取闹令我伤心，但学生的明辨是非更令我欣慰。我的付出得到了学生的认可，我还有什么理由伤心呢？我完全被幸福包围着。

第二天，小娜的妈妈带着小娜来办公室向我道歉。小娜妈妈说，前一天小娜爸爸喝了酒来学校闹事，小娜觉得没脸再上学了，可她说放不下老师和同学们。

我说："孩子怎能不上学？而且她又没错。放心，我是不会为难小娜的，我也会教育其他学生不要歧视她。"小娜妈妈走后，小娜又含着泪一再向我道歉，保证一定和母亲一起把父亲说服教育好，再也不给老师添乱了。

看到小娜这样懂事，我非常高兴。尤其是听到小娜的那句舍不得我和班里的同学们，更使我感到由衷的欣慰，使我感受到了做班主任的快乐和幸福。这足以令我忘掉任何的不愉快，无论发生什么，我都无怨无悔！今后，我将和我的学生们更幸福地生活在一起！

---

幸福就像星星一样，黑暗是遮不住它们的，总会有空隙可寻。不管犯了多少过错，产生过多少误解，在过错和误解的空隙中，仍然闪烁着幸福之光。我们在班主任工作中，难免会遇到困难和挫折，会遭到误解和讥讽，我们要善于调整心态，不要为一时的困难而消极悲观，要永远积极乐观地面对，寻找幸福之光。

痛苦尽头是幸福，艰辛后面是幸福，误解过后也是幸福，如同苦尽甘来，黑夜过去便是黎明。只要我们心中装满快乐，幸福就会与我们永远相伴。

（赵艳辉　河北省保定市顺平县梁洁华希望中学）

**点点思雨**

## 长长的夜，因你而成一首醉人的歌

失眠了，整整一个晚上，都在静数时光中度过。

得知我来郑州开会，在郑州工作的小王费尽周折来看我。小王是1999级的学生，初一时，我教她语文课，初二初三，我又兼任她的班主任。因为这，我才有机会陪伴她度过了三年时光。算算，她初中毕业已经13年了，但13年的时光并没有斩断我们的情感。这不，得知我在郑州开会，她还是穿过拥堵的车流来看我。

小王来了，请我吃韩国料理，邀我在寒风中溜达游走，请我在咖啡店喝奶茶。其实，尽管她精心挑选了餐馆，但我们都知道，吃什么并不重要，那些都只是佐料，最丰盛的大餐当属我们对过去的回忆和翻腾：回忆她初中时的点点滴滴，翻腾情感上的起起伏伏，把曾经的岁月翻腾一遍，翻腾出诸多温暖，翻腾出诸多爱恋。当然，她也谈到了她现在的诸多困惑——情感上的和工作上的。

面对她的困惑，我开始把整个自己毫不掩饰地剖析开来，让她看我的伤疤，也让她看我的坚强；让她看我记忆最深处的温暖，也让她看我记忆最深处的伤痛，以及全部这些是怎样编织成了现在的我。我翻腾出了诸多第一次：人生中的第一次暗恋，第一次赌气地做傻事，第一次遇到五雷轰顶的打击……翻腾这些，是想用我的经历对她说：不要祈求成为完美的人，更不要祈求完美的人生，没有人的人生是完美的；很多事情都是双刃剑，接纳不完美的人，接纳有缺憾的人生，让人生在不完美中求得平衡，也许，这恰恰能使人生走向圆满。

好长时间没有这样深入地聊天了，深入得忘记了我们曾经是师生。那一刻，我只觉得坐在我面前的，是一个无话不说的朋友。是的，在岁月里，我们的关系早已发酵，发酵成了朋友，发酵成了知己。

在这个尽管寒冷但依然美丽的夜晚，陪伴我的是美女一位、奶茶一杯、回忆一串。

　　感谢生命中所有的温暖相遇，感谢上天赐予我的所有过往和所有的朋友。年龄越大，越是相信因果，总觉得今天所有的行为，都是明天的因，都在播种明天的果。是的，温暖是相互的，13年前，她从我这里得到了温暖和呵护；现在，这个善良的孩子又加倍偿还给了我。只是，我最初那样做，是因为那是我的工作；但现在，她给予我的，却是工作之外的温暖和快乐。这样说来，做教师，陪伴一个生命走过一段成长之路，让一个生命因为你而感到温暖，而在以后的岁月里，你又会时不时地感受到来自他的温暖，这确实是件极其幸福的事情！

　　这样说来，这个长长的夜，我在清醒中默数着时光度过就不足为奇了。是的，这个长长的夜，因为你的到来而酝酿成了一首醉人的歌！

---

　　每当有毕业后的孩子来看我，我都会心生感动，都会生发出好长好长的疑惑：到底是我温暖了孩子们，还是他们温暖了我？是我成就了孩子们，还是他们成就了我？思忖良久，现在才明白：原来，温暖是相互的，成就也是相互的。

　　真的庆幸，庆幸自己选择了这样一份职业，庆幸自己有权利、有机会从那么多孩子的生命中走过，庆幸我的一举一动能在孩子们心中播撒下信心和温暖，而多年后，他们给予我的却是更多工作之外的温暖和快乐！

（韩素静　河南省濮阳市油田教育中心教研室）

**点点思雨**

## 手捧百合，心有余香

冬天的夜来得那么早，不到六点，夜幕已悄然拉开。我匆匆走进屋，刚进厨房，门铃响了，来访的是周洋洋的父母。年轻的妈妈脚还没踏进门，便拉着我的手说道："谢谢你，我真不知道该怎么感谢你……"边说边把一大束百合送到我的怀里，我真有些不知所措。

我忙将他二人让进屋，"你们太客气了……"

我的话还没说完，洋洋妈妈便打开了话匣子："我们打心眼里感谢您，孩子他爸得了肝癌，我们在北京看病，去一趟就得两个多月。这段时间，多亏了您，每天关心洋洋，放学还帮着辅导功课，让孩子能像正常的孩子那样生活、学习，我……"年轻的妈妈眼眶湿润了，声音也哽咽了。

这事还要从那个三月说起。那次，洋洋无意中得知了爸爸的病情，晚上在被窝里哭了一夜。第二天，洋洋红着眼无精打采地趴在桌上。

我把孩子叫到办公室，问："怎么了？眼睛怎么这么红？"

"江老师，你说人为什么会死？"

我的心一惊。"人是会死的，但每个人都想快乐、幸福地活好每一天！"

"可我爸爸快死了，他得了癌症，他没有了快乐和幸福，我没了爸爸，我也不会快乐、幸福，我不想让他死。"孩子呜呜地哭了起来。

"爸爸不会死，爸爸不会死。"我一把搂过孩子，一时不知如何是好，看来孩子是知道了些什么。不能再瞒着孩子了，可孩子又太小，怎么能承受这残酷的现实。

"人得病是很正常的事，爸爸有病不用怕，北京的医生技术高着呢！咱们这么哭，爸爸能安心看病吗？为了让爸爸少分心，好好治疗，咱们该做些什么呢？"

"是呀！北京的大夫一定很棒的，我做什么能让爸爸放心，让他开心呢？"洋洋收起眼泪，"对！考个好成绩，让他放心地在北京养病，早早治好，早早回家！"

"那好，我帮你，每天放学来找我，我帮你辅导功课。争取考个好成绩，让爸爸放心！"

还好，在我的陪伴下，一个学期过去了，洋洋的成绩稳步上升，洋洋爸爸的好消息也不断从北京传来，孩子的脸上又有了笑容。

思绪从过往回到客厅。"我只是做了一个老师该做的事，哪有您说的那样，我真的有些不好意思。"

"这还不够吗？我们心里最牵挂的就是孩子，有您的帮助，是我们一家人的福气，我们太幸运了。"

洁白的百合散发着沁人心脾的幽香，望着这束还沾着露珠的花儿，我的心醉了，作为一名教师，我只是做了一点力所能及的事，可家长在心中却看得那样重，那样真！作为一名工作了26年的小学教师，我感到欣慰，感到自豪，感到幸福，更感到任重道远……

---

**点点思雨**

幸福是什么？我们很多人一生都在孜孜不倦地追问，有的人至死都没有得到答案。其实答案非常简单。幸福如同阳光，普照万物，却不求回报。看到草儿绿了，阳光很幸福；看到花开了，阳光很幸福；看到果实熟了，阳光很幸福；……付出爱心就是幸，不论回报就是福。老师就像一轮太阳，将自己的光辉无私地洒向学生，无论他们将来会成长为一棵参天大树，还是长成一棵默默的小草，我们都会用爱心、耐心、恒心去关爱他们，幸福地陪伴他们长大。

（江玉荣　河南省濮阳市油田第四小学）

# 第六辑
## 幸福于享受生活，酿造甜蜜

＊繁华都市，车水马龙，是一种美景；山中清流，山岚水雾，也是一种美景。静享其中，用心体会，方能感受它的美。爱，不仅仅是言语上的表白，更是心意上的相通；幸福，不仅仅是物质上的丰裕，更是亲人间情感上的相互依赖。用心感受，方能品尝其中幸福的滋味。

＊其实，幸福就在身边，幸福就是平淡无奇的生活。不要把幸福看得那么神秘，幸福既需要我们去体会、感悟，又需要我们去创造。

## 幸福，是举手投足间的默契

"明天进山，没有网络，无法收发邮件，抱歉啊……"回家过年前，我发邮件告诉几个好友。毫不夸张地说，家坐落在山中之山的坳口里，站在窗前，抬头就能见到山，低头就能看到水。

早饭过后，男人们走村串户，呼朋唤友地喝酒去了。婶婶到山上去割马草，女儿和姐姐挎上小篮子去挖雷公根（一种野菜），家里只剩下我和婆婆围炉而坐。

我拿着火钳拨弄着炭，听着火苗从木炭中发出的"哔哔剥剥"声。婆婆抓过一把瓜子递给我，我摇摇手，表示不要。她不识字，讲的是壮族方言，我讲的是普通话，语言不通的婆媳俩交流起来不是靠有声语言，而是靠眼神、表情和手势等无声语言，但即使这样也常常能在一起坐大半天。

过了好一会儿，婆婆起身进了屋子，她再出来时，拿来一把梳子，递给我，指指头。我明白她的意思：叫我帮她梳头。我站起身，换了个位置，坐到她身后，慢慢地替她解开辫子，任由稀疏花白的头发披下来。她的头发打了很多结，我小心翼翼地从发梢梳起，一点一点梳到发根。我慢慢地梳理这一头长发。这已浸染了85个春雨秋霜的长发已经找不到一根黑丝了。头发比较油腻，不一会儿梳子上就粘了很多脏东西，我估计她有很久没洗头了。我抬头看看天，云层里透出点点阳光，有几分暖意。我站起身，走到她面前，做了个洗头的动作，想帮她洗洗头。她使劲地摇手，又吸着寒气，做个哆嗦的动作，意思是天太冷，不洗了。我猜想，入冬以来，她就没洗过头，头又很痒，只好靠梳头止痒。

我慢慢地梳理着婆婆的长发，从发根到发梢，丝丝缕缕的发丝早就非常顺畅了。这满头霜花记录着她坎坷、苦难的一生。一家的生计压在她的脊背上，压弯了腰，但倔强的她硬是靠着这腰杆子撑起了一个家，还培养出一个大学生。

有一年冬天特别寒冷，她突发脑出血，失语失忆了，儿子儿媳站在病床前，她都记不得了。救护车将她送往医院，连医生都觉得80岁的高龄，这样的病情可能难以恢复了。我们想到她最疼爱最挂心的孙子孙女们，赶紧去学校请假，叫来几个小家伙陪护在病床前。在儿孙面前，倔强的生命又复苏了！婆婆语言功能恢复了，记忆功能也恢复了！医生叹道："奇迹啊！"

……

我陷入回忆中，一不小心梳子刮到她的耳朵，我吓了一跳，赶紧用手势表达歉意。她絮絮叨叨地说着什么，满眼是泪。

"奶奶，奶奶——"两姐妹一边叫唤，一边跑进屋，提着满满一篮子的野菜。婆婆没顾得上擦泪，伸手抓了一把瓜子递了过去。

山里的时间总是过得特别慢，慢得像在山间缓缓流动的岚烟雾霭，像在天空停驻不动的轻云。

---

繁华都市，车水马龙，是一种美景；山中清流，山岚水雾，也是一种美景。静享其中，用心体会，方能感受它的美。爱，不仅仅是言语上的表白，更是心意上的相通；幸福，不仅仅是物质上的丰裕，更是亲人间情感上的相互依赖。用心感受，方能品尝其中幸福的滋味。

**点点思雨**　　　　　　　　　　（黎志新　广西壮族自治区百色高中）

## 一路有你，真好！

那时你才六个月大，我带着你上学，与你天天形影不离。你安安静静，以至于与我一起学习的函授同学竟然未发现你的存在。那时你在我的肚子里，而我因为繁杂的班主任工作，让突然到来的你先天营养不良。

后来你真正六个月大了，我却无法带着你上班，与你只能朝夕伴。你依然安安静静，不哭不闹，以至于来看望的我的高中同学不住地称赞你的体贴。那时你在我的摇篮里，而我因为烦琐的班主任工作，让迫不及待就到来的你一出生就寂寞孤单。

那时，你爸爸由于工作的原因不在我们身边。体弱辛劳的外婆一边照顾着身患癌症晚期的外公，一边竭尽全力地照顾着你。而当时的我没有推掉班主任的工作，也没有向单位领导反映自己的困难。

再后来你上小学一年级了，我无法接送你上下学，与你只能朝别晚见。你安安静静，不声不响，以至于与我相处多年的邻居不禁责备我的失职。那时你在我的小屋里，而我因为琐碎的班主任工作，让过早懂事的你一放学就形单影只。

六年后，你上了初中，来到了我工作的学校，我们才有机会朝夕相处。坐在我的电动车后面，你告诉我一个你珍藏六年多的秘密："妈妈，小学六年，我将一个心愿一直好好地珍藏着：我一定要到你的班上学习。现在我终于如愿以偿了！"其实，考虑到青春期发育的特点，我只是让你进入了我同样执教但不担任班主任的隔壁班。你实现了自己的愿望——早读课帮我带读英语，因为你知道我的职业病——声带小结已经追随我多年。你只是想尽力帮我分担，哪怕只是一点点。

很快，我们迎来了你的16岁生日。那天晚上，怀着长期以来对你照顾不周的愧疚，我为你制作了表达生日祝福的幻灯片。

在这属于你的日子里，爸爸妈妈和所有关心你成长的人诚挚地祝福你生日快乐，健康平安！衷心感谢你一直以来对爸爸妈妈的支持和信任！愿我们的祝福、关怀能给你的成长和人生带来更多的温馨与幸福！让我献上我们对你最真诚的祝福和最纯真的爱！

我还在幻灯片里附上自己的心里话：

亲爱的儿子：

16年，与你的相处，就是与幸福对话，和生命交流；就是用快乐诠释，用喜悦丰富……

因为你，开启了我人生的开心之行和芬芳之旅！因为你，人生的很多时光，许多记忆将成为我生命中最为珍重的收藏！

初中时光已在收获中悄然远去，高中时代已在期盼中慢慢走来。

"只有一直在进步的孩子，才是最优秀的孩子。"妈妈欣喜地发现，现在的你正在用行动证明这句话。

立足脚下，拥有现在的每一分精彩！

学会远瞩，放飞梦想的每一种希冀！

永远爱你的妈妈

那一刻，我的幸福溢于言表！

---

爱无言，伴无声！每位班主任的背后都离不开家人的理解和支持。正是家人的深深理解和大力支持，才让我能够对班主任工作做到心无旁骛，倾情投入，全心付出，才让我的班主任之路持续了十几年而未间断，我的班主任工作也得到了学校、同事、家长和学生的肯定。

虽然我现在依然默默无闻，但家人对我职业的认同，让我拥有了工作的不竭动力，让我能继续无悔地躬耕在教育这片田园里。

一路有你，真好！

（林云芬　福建省宁德市霞浦县第六中学）

# 弃车走路显神功

"王老师，你怎么这么瘦啊？你怎么这么瘦呢？""别让人羡慕妒忌恨啊！"新年伊始，熟悉我的同事们见到我，无不惊讶地说。

52岁的年龄，一米五六的身高，45公斤的体重，确实让许多靓女们羡慕嫉妒恨。在她们看来，我这个年龄的女性，应该是皮肤黄褐、肌肉松弛、身材臃肿，一副老态龙钟的样子。而我呢？赘肉全无，身材苗条，腰板挺直，脚底生风，"蹭蹭蹭"就到了四楼办公室。她们却还在后面"吭哧吭哧"，只好望"我"兴叹，羡慕嫉妒恨了。

2011年11月中旬，正在读研的儿子说，他要用车。因为他经常要去旧校区听讲座、做实验什么的，而新旧校区之间距离很远，坐公交车又很不方便。一是爱子心切，二是支持他学习，于是，我同意他的请求，决定把车子给他用，自己走路去上班。就这样，我开始了"万里长征"第一步。

我家离学校三千多米，第一次走到学校花了40分钟。早上五点五十起床，六点十分出门，六点五十到校，再活动活动，七点钟吃早饭（学校提供早餐）。这样，很快就到了冬天。南方的冬天虽不似北方的严寒，但也阴冷、潮湿得让人觉得难受。为了热身，我开始小跑，也顾不了路人异样的眼光了。这一跑不打紧，渐渐就上了瘾。现在，我上班时都是一路小跑。15分钟，三千米，剩下的路慢慢走，等于放松。就这样，冬天浑身是汗，夏天衣衫湿透。

节假日，没有上班的硬任务，可以睡懒觉，不去跑步，但我不愿将好不容易练出来的功夫给废了。于是，双休日，我没有停止跑步；暑假，我没有停止跑步；寒假，我也没有停止跑步；就连大年三十、初一的早上，我也照样是一切照旧。雨天？好像早晨上班时间下大雨的时候很少，印象中仅有一次，大概是去年6月份吧。那天早晨，大雨瓢泼，电闪雷鸣，实在没办法跑，只好坐校车去了。

就这样，我走过了一年四季，跑过了春夏秋冬。

2014年8月份的体检，我"三高"全无，心跳每分钟59次。哈哈……达到运动员的水平了。弃车走路显神功啊！

其实，不必羡慕，不必嫉妒，更不必恨，只要你行动起来，只要你坚持下去，你也一定能行！只是许多人不敢开始，不能坚持罢了。有的说，我也想走路上班，只是我家离得远，要走一个小时；有的说，我也想走路上班，只是我儿子要上学，来不及；有的说，我也想走路上班，只是我想穿高跟鞋，没办法走；有的说，我也想走路上班，但我不想起得那么早；有的说，我也想走路上班，但车子太多，灰尘太大，PM2.5超标；……

哈哈……如此这般，只能对着别人"羡慕嫉妒恨"了。

---

**点点思雨**　　在儿子要用车的情况下，我选择了走路上班。刚开始，也觉得挺难的。但走了一段时间之后，觉得没什么难的了，反而觉得走路上班挺好的。于是，就爱上了走路。走路，不但让我养成了良好的出行习惯，还让我养成了良好的健身习惯。身体好了，精神好了，心情也好了，工作和生活处处都是幸福和快乐。这事再一次告诉我们：万事开头难，习惯成自然。成功不是因为一帆风顺，而是因为风雨无阻。只要我们坚持，就会功到自然成。

（王金凤　广东省佛山市三水区工业中专）

# 痛痛快快打一场校园篮球

每年秋季开学，我都会新接手一个六年级的班。因为酷爱篮球，所以经常会有好多学生和我混在一起，他们中的大部分在四五年级时就时常招呼我去篮球场。高兴时去，烦躁时也去。

"王，走啊。我们得捞回来一场。"同事又在向我宣战。我强作笑颜地摇摇头，手甩着红油笔无奈地击打着考卷。

"走吧，中午是休息时间。温度太高，容易心烦意乱。"他看出了我的心思。"30多度，受不了啊！"

"昨天也这温度，你不也玩了吗？别找借口啊。才开学几天啊，教学要一点一点来。学生要都会了，你整天不就没事干了吗？""可这些题不该错的啊。"我几乎喊了出来。

"已经错了，你气死有用吗？"他把我从凳子上拉开。接过学生抛来的篮球，我们浩浩荡荡地向操场进发。我还在心里数落着这群"笨"学生。

刚跑两圈，汗已湿透衣服，烦躁的空气还在膨胀。转眼间，对手取得了20∶0的开门红。"今天我们非剃你个光头不可。"同事不停地向我挑衅。"嘿，我的小暴脾气还起来了。曾经的手下败将，战多少场，你都是个败。"我一边组织进攻，一边和他斗嘴。

我运球中路推进，眼见我队的前锋已经溜到篮下。我手腕一抖，将球从人缝中击地而过。谁知他却向三分线外跑去，篮球与他背道而驰。陡然间，我怒气上涌，怒火中烧。

"喂，孩子没这个意识。我都没想到你见缝插针。放松，你放松了，学生自然就放松了。"同事拍着我的肩膀慰藉道。

几个回合过后，我似乎大彻大悟了。学生不是不努力，是与老师的意识之间还存在差距。他们常常会不理解，甚至误解老师的所作所为。所以，即使在一个班集体，孩子的成绩也会出现差别。这不是老师的失误，也不完全是学生的错误。十个手指伸出来还不一样长呢，又何必对学生吹毛求疵？虽然精益求精的态度难能可贵。

汗水顺着两腮，透进衣服，渗过裤子，滑落鞋面，湿了脚下的红砖，瞬间蒸发。我的烦躁也随着空气的流动，不知所踪了。顿觉浑身轻松而清爽。

"是我传得太快了，不是你的错。"我赶紧安慰那个孩子。

我们五人又打出了"传说中"的流畅配合。对手领先的优势逐渐失去。同事投进一个打板后，嚷道："王，输了吧？""不，我赢了！"

我们相视而笑。

校园篮球，最高级的享受。

---

老师常常站在自己的角度去要求学生，总是乐观地以为只要是老师教的，学生就应该会。而事实却总是出现偏差，原因多种多样。刚接新班的老师，对学生还没有全面的了解，他们的知识基础与刚毕业的那一届有多大的差距？学生的听课习惯好吗？家长对孩子的照顾到位吗？凡此种种，需要班主任对学生全面、细致、耐心地了解，这样才会减少教学的阻碍。

班主任需要放平心态，走到学生中去，观察学生的一言一行，才能对症下药，人尽其才，与学生携手走进教育教学的幸福生活中。

（王立新　吉林省松原市宁江区伯都乡建业小学）

# 幸福不幸福

"幸福？不幸福？""幸福？不幸福！""幸福不？幸福！"这是我从教 20 多年来颇有感悟的"王氏之问"。

25 年前，我是带着浪漫主义和现实主义情怀走上教育之路的。浪漫，是觉得读书真好，教书真好；现实，是源于读师范不用花钱每月还给 35 斤细粮和 22.5 元的生活补助，奢望不高——能解决吃饭问题。大学毕业之后，走上了三尺讲台，整天跟比自己小不了多少的一大帮孩子朝夕相伴。虽然工资只有区区 142 元，几乎每个月都要预支下个月的工资，赶上拖欠（那个年代拖欠教师工资现象很普遍，有时一拖好几个月），便从老家带米带面吃"救济"，但毕竟能挣工资了，生活有了盼头，而且当班主任每天跟童声稚气的孩子们搅在一起，很少思考幸福不幸福。可看到有的同行耐不住清贫赶着经商浪潮下海去赚钱，内心也曾动摇过，犹豫过，徘徊过。我问自己：幸福吗？不敢说。不幸福吗？也不敢说。既羡慕那些放下教本走出校门挣"大钱"的人，又十分舍不得离开书声琅琅的校园，舍不得离开让自己激情飞扬的讲台。

谈婚论嫁的年龄一天天逼近，虽说那时候还不兴"房子、车子和票子"，但相对象时一提几千块钱的彩礼我立马落荒而逃。谈恋爱时女方说彩礼可以不要，房子不用提，单位提供一间小平房，足矣，可结婚必备的锅碗瓢盆及基本的几件家具算起来也是好几千块的"天文数字"，我一个普通教师，上哪里弄那么多钱去？笑谈说把我自己连皮加毛卖了都不值几千块，不得已婚期一推再推。我问自己：幸福吗？答曰：真不幸福！可除了孩子们琅琅的书声，花儿般的笑脸，银铃般的笑声，除了书海方塘，天光云影，我还能到哪里去寻找幸福？于是便不再思考什么幸福不幸福，死心塌地陪孩子们学，陪孩子们闹,陪孩子们哭,陪孩子们笑。眨眼工夫,人生过半,青春不再。

近年来,教师工资逐年增长,我买了房子,买了家电,吃穿不愁。不管外面多大的风声、雨声、雷电声,我的教室里始终有书声,有几十双明亮的眼睛,我和他们一起在知识的海洋里快乐无穷。20多年过去,记不清迎来了多少孩子,又送走了多少孩子,记不清多少孩子毕业多年后还来看我,记不清收到过来自全国各地的学生多少节日祝福。我没有多少金钱,没有多高的权位,爸爸不是"李刚",也不是"李刚"的爸爸,"谈笑有鸿儒,往来无白丁"。教书20年,读书几千册,就算身居斗室,与书相伴,思想的翅膀总能穿越时空。

我越来越明白:人,只不过是世界上的一根芦苇,但却是一根会思考的芦苇。人类,因思想而伟大!这时候,我问自己:幸福吗?答曰:真幸福!

---

我一直相信,人,生来是为幸福而活的,谁也不是专为遭罪而来的。连自然界的非人类生物,都知道趋利避害,追求快乐,逃离痛苦——破茧成蝶,是为了飞翔之梦,逃离庸俗;凤凰涅槃,是为了追求重生,延续生命。

幸福不幸福,不完全取决于物质条件,不完全取决于环境的优劣。

幸福不幸福,与感觉有关,与思想有关,与境界有关。一个懂得感悟的人,会思想的人,才会懂得什么是伟大,什么叫幸福。

**点点思雨**　　　　　　　　　(王新国　山东省泰安市宁阳县第二中学)

# 异国他乡的家乡味道

初冬，我们来到了澳洲，对澳洲的基础教育进行考察。周一到周五，我们一起吃团餐。到了周末，我们就要自己动手，丰衣足食。

一提到做饭，我就很怵，所以，我申请到伙食最好的房间去入伙。他们能同意，让我不胜感激。上个周末，我们第一次动手做饭，餐桌上有炒菜，有面条，有面包，还有水果。虽说有些"简单"，但对于身在异国他乡的我们来说，那也叫一个"丰盛"。这样的伙食，总要比面包加火腿美味得多。

我们商定周六吃炸酱面，周日包饺子。周五吃过晚饭，我们到超市采购，忙得不亦乐乎。我们想买一瓶面酱，可调料上全是英文，读不懂啊。我抄起一瓶像面酱的调料，去请教随行的英文老师，她接过瓶子，看了看，自言自语地读着瓶子上的英文单词，若有所思地点点头："对，就是这个，这里面的成分有黄豆、糖、辣子……"接着是挑选面粉。"这有促销款……"听到了惊喜的声音，我大步跑过去，拿起两小袋放到购物车里。牛肉馅、葱头、胡萝卜、黄瓜、橙子、牛奶，各种调料……挑选得差不多了，我们就去结账，拎着沉甸甸的食材，坐车"回家"。

我最爱吃面条和饺子了。到了周六，陈老师负责炸酱，很快，香喷喷的一碗酱端上桌，酱色沉郁而厚重，隐约可以见到青葱花和瘦肉沫，香气扑鼻。舀两勺，放到面上，再放上黄瓜丝、胡萝卜丝。这里没有筷子，只能将就着用叉子轻轻地搅拌，让面与酱完全地混合在一起。吃在嘴里，酱香绵长，尤其是放点黑胡椒之后，香甜之中带有丝丝微辣。吃上第一口，就足以让你喜欢上这种独特的味道。

有人调侃："都多点吃，吃饱了，不想家。"这是一句玩笑话，虽说喜欢这面的味道，但家还是会想的。家乡的味道在记忆中是永远也抹不掉的。

第二天一大早,大家就忙活起来了,拌牛肉馅,将胡萝卜擦成丝,葱头切成碎块,和面擀皮。那天在超市里找了大半天,也不曾见到擀面杖的踪影。不过我们有办法,用小小的盛芝麻油的瓶子当擀面杖。擀皮,我最拿手。先擀了两个小试身手,觉得还可以,我便稍稍加快了速度,不料,瓶子从我手中滑出,"咣当"掉在了地上。我本以为芝麻油会四处飞溅,可是瓶子结实,没有摔裂。我刷了刷瓶子后,稳稳地擀着。擀着……包着……煮着……大家一起忙活着。牛肉胡萝卜葱头馅的饺子端上桌,大家吃着,连连赞叹:"香,真香!"

唯一让我们感到小小遗憾的是,没有蘸着家乡的醋吃饺子。尽管如此,一盘盘的饺子很快就被一扫而空了。

虽然是异国的食材,带着些许异国的味道,但终究还是家乡的美食。

手机里播放着中文经典歌曲,我们一边哼唱着一边把碗碟刷干净了,所有人的脸上都荡漾着甜美而欢乐的微笑。

是家乡的美食,让我们这些身处异国的人们获得了暖暖的幸福。

---

**点点思雨**

在家里,我们经常会吃面条、饺子,这是家乡美食中再普通不过的了。当我们远离家乡,身处数千里之外的澳洲,想吃到家乡的美食真的是很不容易啊!但家乡的味道早已被我们印刻在了记忆中,是任何味道都无法取代的。

所以,我们想尽办法,一定要在异国吃上家乡菜。挑选食材,一起做菜,一起品尝美食……我们虽与家乡相隔数千里,但内心中获得了满足。这期间的点点滴滴都让身处异国的我们获得了一份特别而又弥足珍贵的幸福。

(王振刚　天津市南开区中营小学)

# 农家小院乐趣多

备课、上课、批改作业、辅导学生，每天像一个高速旋转的陀螺，被一只无形的手操纵着。这个学期，因为要迎接山东省义务教育城乡均衡化验收，更忙了，我被压得几乎喘不过气来。看着一一回家的学生，竟然没有体验到周末带来的轻松和喜悦，因为很多材料要利用星期天补上。

星期六，吃过早饭，孩子缠着我要去爷爷家。是呀，已经两个星期没回老家了。带上爱人和孩子走在回家的路上，路边熟悉而又陌生的风景很快地从眼前掠过，回家的心情好极了，空气似乎也是甜的，熨酥了每一个细胞。

老爸的笑容让人读懂了满足。小狗凯西跑前跑后，忽左忽右，摇着尾巴，粘着女儿。女儿很喜欢它，也会拿好吃的与它分享，如果发现女儿有一小片刻没把注意力放在它身上，凯西自有妙招。只见它两只前爪并拢，尽量地向前伸，整个身子平铺在地面上，慢慢地翻转，身体尽量放松，眼睛一直盯着女儿，一刻也不离开，简直就是一个技艺高超的小丑。

忽然，大铁门一声响，凯西迅速伶俐地窜向门外，伴随着"汪汪"的叫声。"你好！老同学。""听说你回来了，过来看看你。""太好啦！快进屋，好多年没见了。"短暂的寒暄之后，老爸泡好了绿茶。"也是今天回来的？""前天就回来了，因为三哥家的侄子结婚。""你侄子都结婚了？时间过得真快呀，印象中他还是个孩子。""是呀！孩子上几年级了？学习怎样？""爱人单位的效益怎样？""应该减肥了，胖了许多。""计划在哪买房子？房价会涨还是会跌？""咱们初中同学张岩的女儿到美国去念书了，农行行长××被调查了。"……时间悄悄地溜走，绿茶的清香悠悠地融入心肺。

屋子里谈天说地，屋外的院子里也上演着真实版的精彩。左邻右舍，住屋前的大叔，住墙东边的四哥，住墙西边的大侄子，住屋后的二大爷都是这儿的常客。郑三家的母猪昨天分娩了；赵四得了糖尿病，弟媳妇把他送到了医院；贺五和丁六去赶集钱丢了，可能是因为他们看卖家义演精力过于集中；唐七的儿子当兵了……信息量很丰富，俨然一个新闻发布会，只是新闻发言人不固定罢了。大多数时间是一个人说，其他人都在听，如果存在分歧，就会出现多个频道同时播放。有时声音高得离奇，直到双方甚至三方面红耳赤，大多数人支持他们认为最接近真相的一种说法，辩论才会稍有平息，有时也会不欢而散，但不到半天的功夫，就又聚在了一起，"新的一集"开始了。

不大的农家小院，浸染着浓郁的生活色彩。

> 我们走得太匆忙，往往不去留意身边的风景。
>
> 我回家跟老爸过周末，是老爸的幸福；农闲时节邻居们调侃、交流，是他们的幸福；老同学的久别重逢，是我们的幸福。小狗见到我们的开心，爱人精心准备的饭菜又何尝不是幸福呢？我、你、她、他……来来往往，神色匆匆，不懈地追求，也是幸福。
>
> 幸福像有形的云，努力去追，怎么也追不上；幸福像无形的空气，需要我们慢下脚步，细心去感受，细细品味。
>
> （许传江　山东省日照市东港区后村镇中心初中）

# 在旅行中品味幸福

一路颠簸，到达涠洲岛，我被一路的蓝迷醉。

澄澈如洗的辽远天空，如绸缎般蔚蓝的开阔海面，微波轻漾，如披着蓝色轻纱的妙龄少女，柔媚却又不失纯真。

到达这涠洲岛的海岸，湛蓝清净的海水，映衬着火山喷发之后沉淀的黑色熔岩，漫步在高低起伏的蜿蜒的海岸边，我深深地沉醉了。

静静地，掏出包里那一块原本只为遮盖脖子防止阳光过敏的湛蓝纱巾，我的内心升腾起一种翩然起舞的欲望，以及因为没及时减肥，无法买身漂亮的衣裙的丝丝悔意。在这么美丽纯真、写满柔情蜜意的无瑕之地，没把自己打扮得如水般妩媚，一种辜负之感如岛边海水不断拍打岩石般激烈。

我慵懒地坐在沙滩的椅子上，看海面上帆影点点，波光粼粼。懒懒地看着蓝蓝的天，散散地瞧着蓝蓝的海，让自己置身于一片宁静与遐想中。此刻，天然游泳池的热闹与喧哗写满了夏日的热烈和奔涌，与我无关；对问题孩子的揪心和无奈，与我无关；班级的零零碎碎，与我无关……

和同行的朋友们一起沿着沙滩，慢慢地朝前走去。脚踩在柔柔的沙上，舒服和柔软直抵心灵。看着几位孩子玩起沙，任凭海水打湿他们的衣衫，我们也情不自禁地加入了玩水、戏水的行列。童真，是每一个人心中最美好的梦。何必为了几位不听话的孩子而伤神呢？我的心豁然开朗起来。

夕阳西下，日落西海，这一片海滩，是欣赏晚霞的最佳地点。

和你一起手牵手，看潮起潮落，看朝霞夕阳。多么美的一种意境啊。我有幸，在这样的一次旅行中，让心灵与落日齐飞。

光线不知不觉变淡了，原本炽烈的阳光变得柔情缓缓，蓝色的海面渐渐灰暗生涩，太阳恰似一团蒙着纱布的火球，它映照之处的那一片海水，波光粼粼。四周五彩的云霞缭绕，人在海边的影子越来越长。

渐渐地，这不再炽热的火球越来越往海面上靠近。近了，近了，更近了……我不停按动着快门，要把唯美留下。看着这个圆球一点一点沉入海里，唯有五彩云霞依旧悠悠飘荡。

余晖中，我走到了不断奔涌的海浪边，浑然不顾斯文，张开双臂，轻轻舒展开右脚，任海浪拍打着我的脚、我的裙。追随着海浪的身姿，或俯身或伸臂或拍水……尽情绽开笑颜，在海浪中放纵自己久违了的童真与舒心。

没多久，云霞也已不见，灰暗渐渐笼罩，海浪拍打的声音，依然清脆。人在海边玩耍，成了一个个有趣生动的黑黑的剪影。孩子们玩疯了，全然不顾，或躺或睡或相互拍打。

星星来了，夜空撒满了一颗颗晶莹的如珍珠一般的星星。

依依不舍地离开了海边，我一步两回头。

何时，再共赏落日圆？

何夕，再与海浪相逐？

---

班主任常要面对一个又一个问题孩子，也要面对日常各种检查、评比带来的压迫感和无力感。迷茫、无奈时，不妨放下手头的忙碌，找个双休日或其他假日，去外面走走，赏赏风景。旅行，不失为一种减轻压力、调整心理、追求幸福的好方法，看到美妙风景的同时，又会感到，人如沧海一粟，那么渺小，何必为了一位孩子或某件事而耿耿于怀呢？

放下，才能更好地开始。让我们学会解压，学会释放，学会寻找做班主任的幸福。也许可以从一场旅行开始，这会是很美妙的体验。

**点点思雨**

（许丹红　浙江省桐乡市实验小学教育集团北港小学）

## 电话两头连着我和娘

冬天的夜晚漫长又寂寥,我默默品味着独处的滋味。老公和儿子都外出学习了,一个人在空荡荡的家里转来转去,极是清静。与其说是清静,还不如说是冷清。倒是应了一句古诗:"举杯邀明月,对影成三人。"

正当我百无聊赖之际,手机铃声响了,耳边传来了老母亲的声音:"三儿,吃过晚饭了吗?一个人在家,可不能不做饭,时间长了,身体会吃不消的。晚上把窗子都插上,门要从里面锁上……"母亲在电话那头絮絮叮嘱着,语气中透露着担心与不安。我连连应着,眼泪不由自主地流了下来。娘80岁高龄了,我也已至不惑之年,可是在娘的眼里,我依然是个孩子。因上面有两个姐姐,所以娘打小就叫我"三儿",我是她老人家最疼爱、最放心不下的宝贝。我特意给娘买了部老人专用手机,便于及时联系,娘很快便能熟练使用了,走到哪带到哪,就如同把子女带在身边。

娘把每个子女的生日都记得非常清楚,每年的生日,娘都会一大早打来电话,叮嘱我早晨要煮两个鸡蛋,在额头上转三圈,消灾祛病;中午要吃好吃的;晚上要吃长寿面,不能吃米饭、糊糊之类的。这些习俗在老人心里很是重要,我未出嫁时,娘总是这样给我过生日,没有蛋糕、没有蜡烛,却有亲娘满满的爱。

每逢冬至,娘便会在前一天晚上准时打来电话:"明天是冬至,记得吃饺子,吃了饺子就不会冻耳朵了……"我总是故意地说:"哎呀,我还真忘了明天是冬至呢。您要不说,我指定吃不上饺子,耳朵要冻掉了。"这时她老人家就会特别高兴、特别有成就感:"我就知道你记不住,还不如我这老脑筋呢。"我已习惯了这种有娘疼的幸福,倒真的不去记这些日子了。

我也常给娘打电话聊家常，一聊就是一个多小时，老人家总是很开心。电话两头连着我和娘，我们一起享受着拥有亲情的幸福。

娘做了一辈子的农村小学教师，尽管年事已高，可喜的是眼不花、耳不聋，心态乐观，身体尚好，自己能照顾自己。如今和哥嫂一起生活，住在离我家80里外的县城。去年父亲因病去世，老母亲是我最大的牵挂。

每逢周末或节假日，我总是设法回家看望娘，这是她老人家最高兴的时候。一到家，娘便会拿出一大堆零食和水果让我吃，我为了让娘开心，便不停地吃啊吃啊……此时，娘总是慈爱地看着我，充满着幸福和满足感。吃过饭，帮娘洗洗衣服，陪她老人家打几圈麻将，一家人其乐融融，这时的我仿佛回到了童年。

俗话说：有娘的孩子是个宝。这话是千真万确的，有娘牵挂和疼爱，真的非常非常幸福。我还想说：家有老娘是个宝。娘在，家就在。

**点点思雨**

小时候曾牵着娘的衣襟走过大街小巷，踩着清晨的露珠洒下一路欢笑；也曾在夕阳下的炊烟里，静静地坐在灶台前，等待着飘香的饭菜；宁谧的夜晚，牛奶般的月光下，听娘讲述美丽的故事、吟唱动听的歌谣……这是童年的幸福。后来离开了家，节假日回家陪娘聊聊家常、洗洗衣服刷刷碗，偶尔在娘面前撒撒娇，这是长大了的幸福。幸福是什么？幸福就是有娘疼爱，幸福就是给娘尽孝心！幸福就是树欲静风便止，子欲养亲健在。

（李靖华　山东省聊城市实验中学）

# 车轮上的"家"里笑声多

我跟很多老师一样，住在城里，在乡镇教书。每天，当城里的上班一族刚刚起床洗漱做饭之际，我们早已启程，行走在上班的路上。每天往返于城里和乡下，50公里的路程，在别人看来很辛苦的一件事，在我看来却很幸福。这幸福不是因为驾驶的是豪车，而是因为同车的三个姐妹。

每天上下班，车厢成了我们的私密空间，成了我们的满载快乐、温暖和幸福的家。在这个家里我们畅所欲言，从服装、饮食到家庭。在这个家里几乎每天都能品尝到美食，这天老大从家里带了新鲜的煮花生，那天老三带了她小妹结婚的"喜干粮"，或者是老二带来了外出旅游买回的特产，每人一份，走一路吃一路，有说有笑，吃不完的捎给孩子或同事。我们带上的似乎不是吃的，而是欢乐。车上的小吃花样翻新，令人着迷，但更醉人的还是车上交流的议题，以及那彼此理解、信任、安慰的话语。

"我对城里的路名就是不感冒（记不住），有什么规律？"

学识最多的老大说："这个问题我给你解答一下：老城区的路名，东西方向的全部带一个'海'字，像望海路、兴海路、福海路、云海路、金海路、海曲路等；而南北向的全部带一个'阳'字，像丹阳路、正阳路、艳阳路、荟阳路、昭阳路、富阳路、金阳路等。新市区的道路则以山东省内城市命名，像济南路、泰安路、曲阜路、济宁路、青岛路等，开发区则以全国的一些城市来命名，像北京路、天津路、深圳路、桂林路……"真长见识。

"儿子感冒了，老咳嗽。""那你可要重视了，不能让他老咳嗽，最好是挂个吊瓶，好得快。""为什么咳嗽要更加重视？""感冒大多是病毒引起的，咳嗽容易引起上呼吸道感染，肺循环很短的血管通道连着心脏，病毒很容易顺着血管入侵心脏，引发心肌炎，那就危险了。""你买一个梨，削掉外皮，切片，放上冰糖、红枣，煮水喝，能起到暖胃、润肺的效果。"她们着急的表情，像是自己的孩子病了。

"小吴，你介绍介绍经验，怎么把老公管理得那么好？""就是呀，打扫卫生、做饭都不用你，我简直羡慕嫉妒恨啊。""小郑、老李不是都很出色吗？我那口子就是喜欢做饭，他做饭好吃。"无力的辩解，透出那份满足感，除了羡慕还替她高兴。

"这个星期天，要去看看老婆婆了，听说这几天身体不太好。""必须的！""多大了？""93了。""真有福，高寿。""孝心莫迟疑。"

"你开车太稳了，感受不到上班的匆忙，取而代之的是休闲和从容。""走快了干吗？不安全不说，开慢点享受属于我们的幸福多好！"

短短的四五十分钟，在不知不觉中消逝。车轮上的"家"里留下了太多美好的回忆。

---

很多时候，我们走得太匆忙，太紧张，我们不停地寻找着幸福，追逐着幸福，有时身心疲惫，甚至千万次地追问：幸福到底在哪里？其实，幸福就在身边，幸福就是平淡无奇的生活。不要把幸福看得那么神秘，幸福既需要我们去体会、感悟，又需要我们去创造。

穿上一件新衣，能让人体味到幸福，也能让人感到自卑心酸；乘上一辆车，可以载上生活的艰辛，甚至痛苦，也可以满载欢笑、宽慰、信任、甚至怀念。

（宋玉娟　山东省日照市东港区后村镇中心初中）

**点点思雨**

## 幸福生活，情系左右

我的左手，是我垂垂老矣的父母。

父母已近耄耋之年，年事虽高，身体尚好，生活在故乡的一个小院落，祥和安乐。每次陪父母外出旅游，二老都兴致高涨，激动之情若顽皮小儿，令人莞尔。记得老父曾赋诗记游："老夫聊发旅游梦，乘坐高铁奔西京；历代遗址呈眼前，骊山脚下浴华清；拔地百尺大雁塔，越世千载兵马坑；八十老翁游兴浓，长安城头留老影。"但是，父母毕竟年龄不饶人，儿女不能朝夕陪伴身旁，每每思之，颇觉黯然。2014年4月，母亲不慎摔倒，髋骨骨裂，卧床三月有余。我远离家乡，若请假回家，丢下的是两个班的孩子，只能利用周末，乘长途车回去端茶奉水，聊表孝心。母亲最终康复，家人都喜上眉梢。

我的幸福，是作为一个儿女的幸福。愿天下为人子女者永远不要有"子欲养而亲不待"的遗憾，让我们多陪伴苍老的父母走一程，再走一程。

我的右手，是我稚嫩的儿子和可爱的学生。

初为人母，就曾为襁褓中的儿子写下寄语："汝父汝母皆为小老百姓，一无金钱，二无特权，三餐虽继，粗茶淡饭而已，五体常安，头疼脑热偶有。不曾买豪宅，配靓车。虽无丝竹之乱耳，然有案牍之劳形。工资若干，应付日常之用；存款少许，以备不时之需。望汝不寄希望于父母，自尊自强，为人不求左右逢源，但求真诚真心；做事不求尽善尽美，但求问心无愧。为母不求汝闻达于诸侯，但求汝一生幸福；不求汝腰缠万贯，但求汝快乐平安！为母肺腑言，望汝记心间，切切！"

寄语小儿，也是寄语自己，人生千转百回，最是幸福乃淡泊。

转瞬十年，小儿已成长为小小少年，喜看书，爱玩闹，经常撒娇,偶尔淘气,我的幸福,是作为一个母亲的幸福,是生命延续与陪伴的幸福。

还有和我孩子一样的学生,是我手心的掌纹,是我生命中熠熠闪烁的星星。他们承载着一个家庭的幸福,承载着一个国家的梦想,承载着一个民族的未来。也许曾经张狂叛逆,也许曾经误入歧路,但成长之路本就少有坦途。不放弃每一个孩子,是我的教育宗旨。我坚信我的学生在教育的指引下将汲取清泉、摒弃尘埃。因为,爱若在,希望就在;爱若在,幸福就在。

我的幸福,是作为一个班主任的幸福,是信任与爱的幸福。

我的幸福,是《孟子》中的幸福:"老吾老以及人之老,幼吾幼以及人之幼";我的幸福是《大道之行也》中的幸福:"故人不独亲其亲,不独子其子,使老有所终,壮有所用,幼有所长,鳏、寡、孤、独、废疾者皆有所养"。我的幸福,流淌在每一个中国人的血液里,渗透在每一个中国人的骨子里。

我必将怀揣梦想,继续追寻幸福。

父母在左,稚子在右,爱人相伴,阳光盈袖。

我的幸福生活,永远情系左右。

---

> 平淡的生活,幸福无处不在,爱我们的父母,爱我们的孩子,爱每一个值得爱的人,也爱我们自己。精神的富足,平和的心态,能带来长长久久的幸福。把微笑和爱传递给我们的孩子,把对生活的热情传递给我们的孩子,让我们彼此拥有,幸福永远。

**点点思雨**

(张书红 河南省洛阳市第二十三中学)

# 第七辑
## 幸福于获得回报,清雅悠远

\*作为教师,如果以金钱、物质为标准衡量幸福度,那实在无幸福可言。然而,我们在烦杂的工作当中,收获了和本班学生最真挚最亲密的情感,这种精神上的满足是一种不可多得的幸福。其实,幸福就在那里,等你发现。

\*只要我们对工作充满热情,用心去对待教育,用真心去换取真心,不经意间,就能收获其他职业永远也体会不到的幸福,这些幸福的瞬间像宝石一样镶嵌在平凡之中,值得我们回味和珍藏一辈子。

## 我的世界春暖花开

这一天是我的生日。

刚进办公室,笑容可掬的同事就手捧着一盒蛋糕大步走了进来。我和他同属一所学校,却不在一个校区,他的女儿在我班上。看他喘着粗气,大步走路的样子,想象得出他一路驱车的速度。

"钱老师,生日快乐!"他边说边递上了手中的蛋糕。

我诧异,同事怎么会知道我过生日呢?

看着我诧异的眼神,他笑了。

"女儿打电话告诉我说,今天是你的生日。"

哦,原来如此!我不知说什么好了,只好对他说:"哎,你这个人,工作那么忙,事情那么多,还要特地赶过来送个蛋糕,同事之间哪需要这么见外的?只不过是个小生日,干吗要这么破费。"

"钱老师,你辛辛苦苦教育我女儿,我女儿有这么大的进步,我送一个蛋糕表表心意,这不过分吧。我女儿刚刚给我打电话了,说钱老师的生日是一件大事,再怎么忙,哪怕请假,也要赶在九点钟之前将蛋糕送过来。这是女儿的命令,女儿的话就是圣旨,做老爸的怎么能违抗呢?我可不想挨女儿的批评哦!再说了,这是孩子的一份心意,你就不要推辞了,收下吧。"面对着能说会道的同事,我语塞了。

找到这个叫小琳的小丫头向她致谢,并嗔怪她不该让爸爸百忙之中来送蛋糕。小琳并不在意我的话,反而一脸自豪:"钱老师,我要给你一个惊喜!"我不知说什么了。

我将蛋糕带进了教室,与孩子们一起分享生日的快乐与甜蜜。孩子们可高兴了,乖巧懂事的他们都说:平时一直是钱老师给我们过生日,今天该轮到我们来给您过生日啦!掌声中,我被请上台,点蜡烛,许心愿,唱生日歌,接受祝福。55个孩子,55份祝福。说到动情处，掌声四起，齐声欢呼；说到可笑处，全场爆笑，笑倒一片。小超同学站起来，像背顺口溜般地说："Q老师，祝你一马当先，二龙腾飞，三羊开泰，四季平安，五福临门，六六大顺，七星高照，八方来财，九九同心，十全十美，万事大吉！"他的语速像机关枪扫射般，越来越快，越来越快，说到最后他自己都忍不住笑出声来，连带着更多的孩子捧腹大笑。更搞笑的是小烨同学——有一个独属于他的笑眯眯的圆圆脸蛋，做着夸张的手势，一字一句，字正腔圆地说着："祝人见人爱，花见花开，车见车爆胎的Q老师生日快乐，永远beautiful！"

"哈哈……"教室里一片哄笑，孩子们东倒西歪了。

办公桌上早已堆满了孩子们的贺卡和各种小礼物。小钟说："钱老师，这是我存放了一个星期的牛奶，你一定要喝下它，增加营养哦。"小钰说："钱老师，送你一个杯子，记得我们是一辈子的师生，一辈子的情谊哦。"小锋说："钱老师，你经常感冒咳嗽，送你一盒金嗓子喉宝，以备不时之需哦。"小倩说："钱老师，送你一副手套，戴上它，你的手就不会生冻疮啦。"小瑜送上了一大包红笔，并许下豪言壮语："钱老师，您的红笔，以后我全包了！"……

一个个孩子，一颗颗闪亮的心灵，他们带来的微风和香气，足以使我的内心春暖花开，高贵富足。

我的生日竟然牵动着那么多孩子的心，有多少的感动和温暖存在于我的生命里呀！我无法细细估量，但我知道，此生选择做老师，注定没有丰厚的物质条件，没有显赫的社会地位，但我无怨无悔，一往无前。因为我更明白，和纯洁可爱的孩子们在一起，我的心灵富足，精神高贵，我的快乐和幸福将会满满当当一辈子。这才是我终身的理想和追求。

**点点思雨**

（钱碧玉　江苏省锡山高级中学实验学校）

## 我怎能不感到幸福？

我记得我发过这样一条短信：去吃饭的路上，有学生问我怎么那么高兴。我怎么会不高兴？一路上，高二的、高三的那么多的孩子远远地都在对我说"老师好"，我怎么能不高兴？在楼下看孩子们打羽毛球，一个孩子在高三楼那边远远地大声冲着我打招呼，后来还干脆跑过来告诉我一个好消息：他在模考中生物考了79分，全年级第一！

"每次有好事儿都记得您哦。在丽江寄明信片，在演唱会给您发短信，在厦门又寄了明信片。嘿嘿，您现在肯定又开始笑啦！我说的可都是真心体会啊，我在厦门玩，在这家叫'榴芒'的小店写给您明信片，有时间来玩儿哦！"某天，忽然收到已毕业几年的学生寄来的这样的明信片。

又有某天，忽然桌上突然多了一个还挂着水滴的苹果。

"想想这一年真快，虽然累但真的充实。在7班的这一年，我学会了很多在其他任何一个班都学不到的东西。直到6月8号，在我们做完值日之后，我们还自豪地对宿管老师说这是全老师告诉我们的'要付完责任再走'。尽管这句话我很早就知道，但直到那次班会我才深深记住。"一个本来可以去A班的孩子，自觉自愿地留在了我班，在这个普通班里顺利地完成了他的高三学业，他毕业后在我的QQ空间里这样留言。

"在12班的那两年，是我活到现在唯一一段觉得生活在天堂的日子，虽然学习很辛苦，但是想要追赶别人以及补齐全部课程的信念是如此的坚定而且纯粹，在我最灰暗的时光里，是您用一遍遍的热情，一遍遍的坚持，给我带来了最亮的光芒，这些都是我一直没有说出口的感谢。"都是大三的学生了，在2009年教师节的时候，给我发的电子邮件竟然会这样评述那两年的高中生活。

"儿子告诉我们，尽管没有考上清华，但是高三这一年没有白过，这一年值得。我们都在城里给他找好学校了，可是他就是要回牛栏山一中复读。因为孩子说'如果真的还是相同的老师，相同的同学，相同的高三，我宁可再读一年，甚至几年，也不会有半点后悔！'"孩子家长在电话中这样说道。

……

看着孩子们上晚自习，我想，就是因为有了学生，校园里才有笑脸、笑声。每天看着那些天真清澈的眼神，每天听到"老师好"这样一声声仿佛不经意间的温馨问候，都会让我觉得温暖如春，幸福不已，学生的点滴进步，是最令我感到欣慰的事。

我读着学生的来信："您作为一名老师，不仅教给我们知识，还教我们做人，做一个真正的人。您知道吗，以前我是一个很坏的孩子，吸烟，去机厅玩游戏，打架，几乎什么坏事都干过。高中如果没有遇到您，我想我会也和其他的坏孩子一样，是您改变了我，是您给了我第二次生命。想想真是好玩，一个初中让老师头疼的学生，到您这儿居然没脾气了，可能是您的认真，您的人格，您的真情感动了我吧……"此时，我怎能不感到幸福？

**点点思雨**

世界上不是没有幸福、快乐的事，就看我们能不能发现。教师的幸福是其他职业所无法体会的，它并不容易触碰到，需要我们用心去体会、去储存、去挖掘。教师不会因这种幸福减少身体上的疲劳和痛楚，但是何不抹上青春颜色的微笑，去感受孩子们带给我们的活力和希望，体会那一声声"老师好"中的幸福味道！

（全　斌　中央民族大学附属中学）

## 成就彼此的幸福

一年的365天中，对每个人来说，总有那么一天是特别的。对我来说，正是今日。晨检的问候声开启了忙碌又充实的一天。

时间稍纵即逝，转眼已近中午。敲门声骤然响起，轻声却急促。"请进！"应声而入的是我们班班长，他沉稳认真地对我说"田老师，咱班'觉主'上课睡着了，历史老师请您过去一趟！"我连忙放下手中的工作，跟着班长一路小跑来到班门口，从门外玻璃窗望去，大家安静地坐在位子上，文艺委员站着讲台上，历史老师却没在班里。我心里一紧，难道历史老师被气得罢课了？

推门进班，生日歌的音乐开始循环播放，"九月的阳光，将您带到我们身边，细雨的诗篇，记录着我们共同的欢笑……您为我们的生活增添了很多幸福！"文艺委员用她圆润清丽的嗓音朗诵着一首清新的小诗。

毫不知情的我，完全蒙了，呆呆地看着这一切。字结句落，全班起立，"祝田老师生日快乐！永远年轻！"我被这一突如其来的惊喜感动得不知所措，这才注意到黑板上用彩色粉笔写着"老班，生日快乐！"大屏幕上我从未见过的照片一张张切换：操场上的我，教室中的我，办公室里的我，食堂里的我，甚至放学路上的我……表情或嗔怒，或微笑，或沉思，或卖萌……

班长代表大家发出要求："您看到的这些照片，是我们大家送给您的生日礼物，希望您喜欢。今天我们邀请您共进午餐，不知您是否愿意？""It's my pleasure! 这些照片，是我今天收到的最珍贵、最用心的礼物。你们的偷拍技术太高了！感谢'觉主'牺牲小我，配合大家。"大家都笑了，此时的我内心百感交集，一句玩笑增添了活泼的气氛。

原来班长和同学们以班级活动为由请求历史老师给他们留出五分钟时间。这帮可爱的孩子们，为了给我一个大大的惊喜，花费了这么多心思！

我的课代表从影壁墙后面拿出一个由鲜花与水果装点的生日蛋糕，大家拉上窗帘，关上灯，点燃蜡烛，让我许愿，我在心里默默祈愿："愿这些孩子健康快乐，学有所成，我们的师生情谊能永远延续。"

一个清脆的声音对我说："明年您生日的时候，能不能把今天的愿望告诉我们呀？"

"没问题！"听到我的许诺，大家欢呼雀跃。

门外，一张张好奇的面孔在不断向内张望。此刻，我收获的是专属于我的喜悦。看着眼前这一双双清澈纯真的眼睛，我努力抑制住眼中即将夺眶而出的幸福泪水，尾音轻颤地说："我今天非常幸福，你们迄今为止为我的生活增添了很多幸福！有缘和你们相遇，是上天赐予的恩泽，谢谢你们！"

---

**点点思雨**

每个人对幸福的理解都不尽相同。班主任可能是我们这个社会中职级最低但却很重要的职位。当今，班主任工作的强度与待遇形成强烈反差，班主任工作的难度也相当大。班主任在辛苦工作的同时，难免有所抱怨。作为教师，如果以金钱、物质为标准衡量幸福度，那实在无幸福可言。然而，我们在烦杂的工作当中，收获了和本班学生最真挚最亲密的情感，这种精神上的满足是一种不可多得的幸福。其实，幸福就在那里，等你发现。

（田　旭　天津市实验中学）

## 孩子们捧出了赤诚的心

2014年元旦,父亲突然生病,我连夜将父亲送往省城医院。在医院里抢救了几天,1月6日,父亲永远地离开了我。父亲50多岁,走得这么急,一切重担突然压在作为长子的我的身上。我拖着疲惫的身体办完了父亲的丧事。在移交账目的时候,主事的人给我一个纸包,用胶带缠着,并且说是我的学生让他交给我的。

当我打开纸包的时候,我惊呆了,里面放着54张十元的人民币和一封短信。信中说:"老班,听见你们家发生的事情,我们都感到非常的吃惊和难过。这是全班同学的心意,希望我们的老班坚强!老班,你放心,你不在的这段时间,我们一定会表现得更好,不会让你失望!老班,节哀!九三班。"看完之后,我的眼泪不由自主地流了下来。

我不知道该如何感谢这些孩子。曾经因为他们的作业没有完成,训斥过他们;曾经因为他们的调皮捣蛋,惩罚过他们;曾经因为他们的一些作为,指责他们没有感恩之心……是的,我曾经因为经验不足和鲁莽而伤害过他们,但他们没有记住老师对他们的不好,反而更多的是感恩。在我最痛苦的时候,他们做出了最温暖的事情。这不仅仅是一笔钱,更是孩子们的一片心意和情意。他们在用这种方式告诉我,他们已经长大,已经成熟。他们的情意就像黑暗中的灯光,让迷茫恐惧的心有了方向,有了安全感。这种力量是强大的,散发着人性的光芒。

我想任何一种职业,任何一种官职,都不会像班主任这样责任重大,又这么幸福。无论多么痛苦,多么难过,有54个人的牵挂,54个人的祝福,什么都不会是难事。孩子们的这份情谊,让我觉得我在工作中的付出和辛苦都很值得,让我感觉到了作为班主任的幸福。

感动之余，我进一步思考了班主任的幸福。作为班主任，我可以见证孩子们从懵懂的少年少女长成帅男靓女；作为班主任，我陪伴他们度过人生中最宝贵、最美丽、最富有活力的时光；作为班主任，我可以慢慢地引导迷茫的孩子，我可以悄悄地鼓励自卑的孩子，我可以让优秀的孩子变得更加优秀，让落后的孩子怀着一颗不放弃的心，让中等的孩子始终保持着一种不断挑战的心态；作为班主任，我每一天都处于思考的状态、阅读的状态、奋进的状态，心态永远是年轻的。孩子们每一天都会呈现出不同的问题向我们发出挑战。我们别无选择，只有应对，只有学习。

班主任是最幸福的一个群体，只要我们用心体会，必能真切地感受到幸福。

---

**点点思雨**

我们不要抱怨孩子们不理解我们的心，不要抱怨孩子们的不懂事，不要抱怨孩子这不好那不好。换一种眼光，我们会发现不是孩子们出了问题，而是我们的眼光有问题。只要我们怀着一颗幸福的心，我们就会发现孩子的笑容是美丽的，孩子的动作是优雅的，就连犯错误的孩子，我们都会觉得可爱。

面对孩子的时候，我们只需放下下世俗的评价标准，放下功利的心，只留下幸福的心，我们就会找到幸福。

（安　杰　甘肃省白银市会宁县白塬初级中学）

## 幸福的晚餐

"病来如山倒,病去如抽丝。"那年春天,我忽然患上了一种叫作面部神经麻痹的疾病,需要在家疗养。

我病倒了,学生们纷纷登门探视。这天,送走了一批又一批学生,时钟已指向下午六点,这时门铃再次响起,原来是伟伟、洋洋、丹丹、晓晓和云云带着鲜花、水果来了。

"老师,您吃晚饭了吗?我们想做饭给您吃。"看着他们诚挚的眼睛,我点了点头,孩子们顿时兴奋起来。我打开冰箱发现只有些冷冻的香肠、咸鱼和腊肉,于是准备下楼去买鸡蛋和蔬菜,机灵的晓晓赶紧拦住我,和云云、丹丹一起跑下楼去买菜,而伟伟、洋洋则将我按到沙发上坐下,沏了一杯茶让我喝,然后挽起袖子开始切肉。不多久,晓晓他们买菜回来了,于是孩子们有的择菜洗菜,有的切菜炒菜,还有的收拾桌面,厨房里响起了锅碗瓢盆叮叮当当的交响曲。

菜做好了,一道道摆满了桌子,孩子们围着我在桌边坐下。"大厨"伟伟端起面前的饮料对我说:"陈老师,你是我们最喜欢、最尊敬的老师,我们全班同学都很想念你。祝你早日康复,尽快回到我们的身边!"我接过他双手递过来的半杯饮料,问道:"那你们喜欢老师什么呢?"孩子们有的说"最喜欢你的微笑,即使我们犯了错误,你也从不讽刺挖苦";有的说"你知识丰富、上课生动风趣,我们学得很轻松";还有的说"陈老师,你理解我们学习的辛苦,从不多布置作业,从不拖课,更不与其他老师抢课";……

我当然没有孩子们说的那么完美,但从他们七嘴八舌的评价中,我分明感受到了他们对爱和尊重的期盼。

那天晚上,我们师生六人一边品尝着他们亲手做的佳肴,一边话语飞扬。谈学习,谈交友,谈家庭,谈理想,谈对老师的希望,谈对问题的看法……不知不觉，时间已经过去两个多小时，为了不耽误我休息，孩子们恋恋不舍地告别了。

记不清曾经与多少人共进过晚餐，曾经有过多少回倾心的交谈，但那一次晚餐无疑是我人生中最丰盛、最难忘的一次，它让我感受到了做教师的快乐和幸福。

在之后的日子里，一批又一批学生纷纷登门看望。我没想到，身为教师的我，仅仅为学生做了点应该做的工作，给予了他们一点鼓励和帮助，竟收获了如此弥足珍贵的、让我终生难忘的情谊。做教师近30年，我感受到了比以往任何时候都更加强烈的幸福。我忘不了生病时领导、同事、亲友对我的关心，更忘不了学生对我的期待，为此还特意写了一篇长文《病中杂记》（以上是其中的一个片段）以为纪念，后来将此文收入了我的教育叙事集《守望学生成长》中。

**点点思雨**

原以为初中学生年龄还小，思想、心理还不够成熟，甚至觉得他们对这个世界还一无所知，直到那一天，我才从幸福的晚餐中真正明白了孩子们的需要，感受到了他们内心深处对爱的热切呼唤。"亲其师，信其道"，老师不仅是知识的传授者、文明的引领者，还应当做学生的知心朋友和亲密伙伴。只有那些闪烁着爱的光芒，并具有崇高的人格魅力的老师，才称得上是"人类灵魂的工程师"。教师在把爱奉献给学生的同时，自己也在收获着来自学生的爱，这就是教师最大的幸福。

（陈美彬　江苏省扬州市宝应县实验初级中学）

# 徜徉在短信里的幸福

手机从教师节前一天晚上就开始热闹起来，一声一声，像性急的小鸟，叽叽喳喳地叫个不停，催人翻盖去看。打开手机，一条条节日问候短信，跳跃而出。那天晚上，我像一个传达室的收发员，忙着收信，忙着回复，直到子夜，方才关机。手机就摆在枕头边上，我枕着那些温暖的祝福入眠，迎接教师节的喜悦。

翌日，打开手机，吓人一跳。手机如同拥满车流的繁华街道，一条条短信争着夺路而出，映入眼帘。配之以一阵阵如报春鸟般的清脆声响，一声急似一声，欢快地在满屋子里回荡。手机纵使已智能化，仍然显得手忙脚乱，差点被蜂拥而至的短信弄得失控。手机提示，有许多信息，因为容量的限制，被提示拒之门外。

整个上午，我坐在办公室里，品着茗茶，逐条收看短信，幸福得像朵花。那些短信排着队，幽默的、俏皮的、真诚的、热情的……就像学生们坐在我面前，露出一张张笑脸，开口说道："嗨，教师节快乐啊！"有些短信是从大洋彼岸发过来的，一定是来自曾经的学生。

我的心里充满了幸福。我握着手机在办公室内静静地翻看、回忆，就像行走在春暖花开的日子。此时，许多班主任一定如我一样，或坐在窗前，或走在路上，快活地收看着祝福的短信吧。尽管有些内容雷同，但我仍然一遍遍地含笑读完，那小小的屏幕里，闪动着不一样的情愫。

有些祝福，跋山涉水不远万里而来。你不曾想起的学生，却想到了你。手指翻飞的瞬间，学生们仿佛也乘了最快的交通工具，来到你面前。短信中仿佛还隐藏着一句得意的话语和一张调皮的面孔：怎么样，想不到是我吧？令你在诧异和意外之余，惊喜地掂量着浓浓的师生情谊。

一则短信，才一毛钱。一毛钱，连一块橡皮也买不到，可这一毛钱的短信，却让人幸福得喜不自禁。一毛钱唾手可得，但被祝福包围着，被情义感动着，就成了无价的幸福。学生们的问候短信如一条条射线，由远而近。我也将这些射线由近而远地发了出去。在空气中，祝福的电波相互交汇，细细密密地，织成一张爱的网。

祝福盈门，学生们来了又走。手机又恢复了正常的通讯功能。它潜伏在我的衣袋里，像一个忠实的信使，不时地响起鸟鸣一般婉转清脆的声音，仿佛在说，你的学生又让我来叫你了。我按照提示，一次次打开手机。哈哈，果真是我学生的来电和短信。

祝福的短信真好！像一杯清茶冲淡我生活中的烦恼，像一缕春风拂去我工作中的疲劳，像一抹阳光温暖我心田的余凉，像一曲乐章唤醒我心灵的喜悦。我沉浸在阅读中，快乐溢于言表，喜不自胜，幸福满怀。

---

**点点思雨**

班主任的幸福，在于帮助学生走过青春驿站的不懈努力，换来了学生的一颗颗爱心，让疲惫的我们热泪盈眶；在于指导学生梳理个人情感空间的无尽付出，赢得了学生的一颗颗真心，让诲人不倦的我们心灵温暖如春；在于捕捉各种教育契机为学生心理导航的瞬间，得到了学生的一颗颗感恩之心，让为人师者的我们感受到其乐无穷的温馨与幸福。一条条短信，时时打动着我内心深处最柔软的部分，勾起对过去的回忆，让我的心中充满了爱，洋溢着幸福。

（董彦旭　天津市实验中学）

## 病房里的教师节

记得那天是9月6日,星期六,阳光如同高浓度的白兰地般浓烈与辛辣,窗外一丝风儿也没有,树丛中知了在拼命地宣泄着:"知了,知了……"

我蜷缩在病房的一角,四下里一片惨白,白色的床单,白色的被罩,白色的墙壁,白色的天花板。

因妊娠高血糖,我提前一个月到医院待产,在每天重复数次的量体温、听胎心、测血压、测血糖中,我的内心逐渐被苦闷、心酸、惆怅填满,两眼呆望着天花板几乎成了我病房生活的全部。

"请问冯老师住这间病房吗?"一个小姑娘的声音在门口响起,是我熟悉的声音。

抬起头一看,原来是我的学生,我一下子来了精神,高声答应道:"我在这儿呢!"

随着一声"冯老师在这儿呢",病房里一下子涌进了30多个脑袋,本就有些拥挤的病房立即被占领了。

走在最前面的小姑娘手捧一束火红的康乃馨款款走到我面前,双手递给我。

接过着这鲜艳欲滴的花束,我的手在发抖,心在颤抖,想说出答谢的话,嘴唇嚅动了几下,却终究没有发出声来,泪水顺着脸颊汩汩流下,平生第一次觉得泪水竟是这样甘甜。

泪眼蒙眬中,30多个孩子已迅速在小小的病房空隙处排成了整齐的方队,这些小家伙们葫芦里卖的究竟是什么药呢?不由得我细想,耳边已响起那非常熟悉的旋律——《我爱米兰》。

"老师窗前有一盆米兰,小小的黄花开在绿叶间……"每一张浸满汗水的小脸都透着真诚,每一张小嘴都在卖力地演唱着。都说幸福是一种看不见，摸不着的感觉，但听着这无比美妙的歌声，我似乎触摸到了一种有形的幸福。

歌声中，无数个诗意的画面在我眼前交织。忘不了校运会上，运动员在场上奋力奔跑，我带领着拉拉队声嘶力竭地为他们加油助威的火热场景；忘不了家访途中，遭遇暴雨，我们手持碧绿的大荷叶在雨中狂奔的画面；忘不了科学课上，我为他们表演精彩的魔术，他们摩拳擦掌扬言要揭秘的兴奋；忘不了课间，男孩子拉我打篮球，女孩子邀我跳橡皮筋的争执；忘不了每逢班上有孩子过生日时，我们几乎可以掀翻房顶的快乐祝福……

病房门口不知何时已被病友们围了个水泄不通，他们用非常崇拜的眼神望着我，仿佛我就是病区里最耀眼的明星。

演唱完毕，孩子们围在我身边叽叽喳喳，纷纷询问我的身体状况，讲述校园里的各种奇闻异事，直到值班的护士过来赶人了，才恋恋不舍地顶着烈日离开。

时至今日，每逢想起这一天，幸福的波浪就在我的内心久久翻腾——我不过是献出了一滴水，而孩子们却让我拥抱了整个江河；我不过是播撒了一粒种子，而孩子们却让我收获了整个春天。

---

**点点思雨**　　跟其他职业相比较，教师的职业实在太过普通，既没有炫目的光环，亦没有丰厚的物质回报，每一个日子都是那么平凡和琐碎——有时要面对性情各异的孩子，有时要接触各种刁钻的家长，有时要批改堆积成山的作业，有时要处理学生随时捅出的各种娄子……但只要我们对工作充满热情，用心去对待教育，用真心去换取真心，不经意间，就能收获其他职业永远也体会不到的幸福，这些幸福的瞬间像宝石一样镶嵌在平凡之中，值得我们回味和珍藏一辈子。

（冯华荣　浙江省宁波市镇海区澥浦中学）

# 幸福在左　幸福在右

"小鱼，小鱼，游啊游，游啊游……""啊，我们把老师网住了！"孩子们大声地欢呼起来。此时的我正和孩子们手牵手围成一个大圆圈在操场上玩游戏。孩子们的笑声在操场上回荡。我看着那一张张稚嫩如花的笑脸，心中是满满的幸福。

"快来，妈，你坐下，我今天教你学英语。"儿子把我拉到他的房间。房里的柜子板上早已写满了一行行的英文句子。"先坐好，跟我读。"儿子说。我正了正身，睁大眼睛，跟着儿子念。"不对，舌头要碰到牙齿送气。"儿子有板有眼，一本正经地指导我这个英语差生。看着儿子煞有介事的样子，我心中是满满的幸福。

"老师，我的投掷得了第一名。"欣雨说。"太棒了！第一非你莫属。"我边说边伸出手拍了拍她的肩膀。"老师，我们班这次运动会团体总分是第一名。"雨洁气喘吁吁地跑来说。"真的？孩子们，你们太棒了。"我兴奋地大声说。"耶，太棒了！"旁边的学生顿时欢呼起来。猛地，我被人抱起旋转了起来，一圈又一圈。"哎，丫头，我的头都转晕了，快放我下来。"我嗔怪道。个子长得比我都高的胖乎乎的欣雨把我轻轻地放了下来，她雪白的脸上泛着红润，我站定了，顺势抱了抱她。这是何等的幸福呀！

"妈，"儿子从身后抱住正在扫地的我说，"节日快乐！这是我给你的礼物。"说着，儿子把一个盒子递到了我的面前。我一边接过礼物，一边想：这孩子，送的啥礼物呀？我打开盒子，看到满满一盒子彩色的小星星，一个小漂流瓶里有四卷卷好的纸条。我一个个展开来看："妈妈，这是我第一次给您送礼物，您一定要接受哦！您的儿子。""妈妈，今天是您的节日，您要开心些，您的开心会换来我们一家人的幸福！您的儿子。""妈妈，这些小星星代表我对您的心，有祝福的心，有爱的心，有对您的孝心。您的儿子。""妈妈，母亲节快乐！我知道您平时的操劳，所以我要借这次跟您说声'Thanks'。您的儿子"。幸福的泪水早已在我的眼里打转。

一个星期的学习结束了，我提着行李敲开了家门。"妈，你终于回来了。"儿子打开门，边说边接过我手中的行李。"你看，家里还干净吧？""嗯，这都是你打扫的？"我问。"嗯，爸说你要回来，他要去开会没时间弄，我就整理了一下。"儿子说完，仰着头冲我笑。"我的儿子长大了。"我的脸上洋溢着幸福。

第二天，我来到学校，走到教室外，"咦，教室里怎么这样安静呢？"我心里十分纳闷。我兴冲冲地走进教室，刚要开口，猛地看到教室的黑板已经布置了一番，黑板的中间写着：老师，我们想你。那份幸福让我惊愕，一时语塞，不争气的泪水悄然滑落。

……

幸福在哪里？在我的心里。我的左手牵着儿子，右手牵着孩子们，陪着儿子长大，伴着孩子们成长，这是多么的幸福。能一生与儿子牵手，能一生被孩子们围绕，能让他们在我的左右，是上天赐给我的莫大的幸福。

---

**点点思雨**

幸福就在我们左右。能陪着孩子们成长，见证孩子们成长的足迹，就很幸福。幸福在那一滴滴汗水中，在那一次次付出中，在那一颗颗泪水里，在那一张张笑脸上……幸福就在平时的点点滴滴中，用心去感受，用爱去启迪，你定能品味出幸福的滋味。

（高　英　湖北省武汉市东西湖区吴家山三小）

# 用感恩的心拥抱幸福

幸福是什么？不同的人可能有不同的诠释。

工作着是幸福的，生活着是幸福的，成长着是幸福的。套用全国模范班主任桂贤娣老师的话来说就是："我工作，我快乐，我生活，我阳光！"

工作着是幸福的

幸福是一种感觉。每天清晨，伴着小鸟的歌唱，踏着轻快的步伐进入校园，沿途总能听见认识不认识的孩子打招呼，来到班级更能听见一声声脆生生的甜蜜问候，对我来说这是一种说不出的享受。幸福就这样常常躲在不经意中。

课堂上，用"好像"练习造句。

雅兰说："管老师好像一位美丽的天使。"

籽吟说："管老师的笑容好像春风一样沁人心脾。"

孩子们真诚的赞美、鼓励，让我的心里乐滋滋的。将心比心，我时常拥有一颗孩子般纯真的心灵，去欣赏、激励、帮助他们做最好的自己。

长假后的第一天，和孩子们分享我的假期收获——我亲手制作的橙皮果脯。孩子们一个个兴致勃勃。末了，懿涵对我说："管老师，我好想用我的相机和您照相啊！"我好奇地问："为什么呢？""您又美丽又能干，我要和您合影留下纪念。"她稚气的回答让我特别感动，孩子们就这样常常让我体会到为人师特有的幸福感，也让我爱上了这份平凡而伟大的工作。

生活着是幸福的。

一直都觉得自己是个幸运的人儿，最幸运的是拥有一个幸福美满的家庭。

就拿先生来说吧，他虽然不显眼，不张扬，却是一个实实在在的暖男，有他在的地方，就让人特别安心、踏实。和理解我包容我的先生在一起，特别轻松。我的委屈、不快在他那里都能得到慰藉，我的困惑、不解在他那里都能得到解答，我的幼稚、不完善在他那里都能得到包容，我的收获、感悟在他那里都能得到回应……

先生不仅是我生活中的伴侣，是我工作中的朋友，也是我的心灵调节师。他就如同冬天里的炭炉为我驱寒，夏天里的树荫为我遮阳，雨天里的一把伞为我挡雨……

感谢上苍，赐予我这样好的家人，让平凡的我享有实实在在的幸福。美满的家庭永远是我生活幸福的源泉！

成长着是幸福的。

我的成长离不开大家的关心和帮助。因为一路有大家的鼓励、支持、相伴，在成长的道路上，才能一路芬芳。

境由心生，幸福与否，在于自己。

幸福的我们，会造就更多幸福的孩子。让他们学会提升自己幸福的能力，力所能及地带给身边人更多的幸福。

幸福是什么？幸福是时常拥有一颗感恩的心；幸福是"赠人玫瑰，手留余香"；幸福是"我为人人，人人为我"；幸福是更多的相携与支撑；……

> **点点思雨**　　幸福是什么？古往今来，不同的人会有不同的诠释。境由心生，幸福与否，在于自身。时常拥有一颗感恩的心，感恩工作中的付出与收获，感恩生活中的给予与回馈，感恩成长中的艰辛与磨难……培养感情幸福的能力，去发现幸福，品尝幸福，酿造幸福，珍藏幸福，拥抱幸福，提升幸福！
>
> （管宗珍　湖北省武汉市东西湖区吴家山三小）

# 一盏带来无尽温暖的车灯

我的自行车上有一盏灯,用布条缠在车把上,很是不搭调,很多人劝我拆掉,我却一直舍不得,因为那不只是一盏灯,更是一个孩子的心。

小木是开学一周后转到我们班的,选择住宿是想通过学校的约束戒掉他的网瘾。可是哪有那么容易啊,为了去网吧,他无计不施:制作假胸卡,装病逃课,甚至跳墙。他不仅自己去玩,周日还会约其他学生提前到校一起去网吧玩。我和他的父母围追堵截、软硬兼施,用尽了办法,也只是得到了一个"绝不逃课去网吧"的许诺。

那天中午小木没回宿舍,我冒着雨找遍了学校的每个角落和附近的几个网吧,越找火越大。下午上课十几分钟后,我终于迎来了气喘吁吁的小木,我极尽讽刺道:"还知道来上课?不错啊!"没想到他却说:"咱们不是约好了不逃课吗?"我心里一震,火气泄了大半,看着这个淋得像落汤鸡一样,嘴唇冻得发白,却还在小心翼翼地查看着我的脸色的小男生,叹了口气,问:"吃饭了吗?"他愣愣地看着我,摇了摇头。我让他去办公室换上被没收的校服,我去给他买了方便面,泡好了端到办公室,让他趁热吃。

设想中的"暴风雨"没来,反倒来了一碗热气腾腾的面,他很是不安。我轻抚着他的头说:"不是信守承诺回来了吗,这就够了,快点吃,别感冒了,吃完就去上课吧。"说完坐在他对面备起课来。他轻轻地"嗯"了一声,低着头吃起面来。氤氲的热气中,我看到他的眼睛亮亮的。那以后,中午他再也没出去过。

针对他熟悉电脑操作这一点,我让他整理班级管理中的各种表格,制作班会课件,推荐他参加学校的Flash动画制作大赛……

渐渐地,他远离了网游,学习也进步了许多。

初三那年冬天，小木得知我因回家路黑差点儿摔伤后，赶紧为我的自行车安装了一盏灯。那盏灯用布条一圈圈紧紧地缠在我的车把上，看起来粗糙而又简陋，然而就是这车灯，深深地打动了我的心。我从来没想过要从学生身上获取什么，而小木却用这么体贴的方式表达着对我的关爱，我的心也像被布条包裹着一般，温暖而又踏实。按下开关，灯亮了，那光柔柔的、暖暖的，照亮了我前行的路，也照进了我的心。清冷的早晨，披着将落的星辉走在上班的路上，是这盏灯陪伴着孤独的我；寒冷的冬夜，吹着凛冽的寒风行在回家的途中，还是这盏灯给我带来无尽的温暖。

谁说学生没良心？要你交出自己的心，他们就愿意回报给你最深沉的爱。谁说学生难改变？只要找到他们喜欢的方式，一个故事、一次游戏，哪怕只是一碗方便面，也能开启他们的心灵。谁说班主任的付出与收获不成比例？只要稍稍转变想法，就能享受到学生带给我们的无尽的幸福。

做班主任十几年了，我常常问自己：对我而言学生是什么呢？是教育对象？是责任？随着一届届学生从我身边走过，答案渐渐浮现：学生就是我生命中最美丽的邂逅。我陪着他们笑，陪着他们哭，陪着他们成长，学生也用他们纯洁的心灵为我开启了一扇窗，让我享受一室阳光，我的心便由此泛出幸福的感觉。好好享受这份幸福吧，享受忙碌，也享受劳累；享受学生亲切的拥抱，也享受他们真诚的呼唤；享受他们带给我的磨砺，更享受他们那纯净的心灵。

**点点思雨**　　　　　　（贾焱鑫　河北省石家庄市第四十二中）

# 幸福似那红萝卜

临近年底的一天上午，我正在学校阅览室看书，同事小宋打来电话说校门口有位老大爷有事找。我边往校门口走边琢磨是谁：我家老爸？不可能，有事他会先打电话的。岳父大人？也不对，他会先找我妻子的。学生家长？也不大可能，我近期没有和学生家长联系。带着疑问，我来到校门口。

只见在学校门口朝阳的一面蹲坐着一位老汉，在那里眯着眼晒太阳。他戴着老式棉帽，穿着粗布棉袄棉裤，甚至连脚上穿的都是自家做的棉靴，这身打扮如今在县城是很难见到了。我定睛一看才认出来这是去年毕业的学生晓霞的父亲。我说："老张你怎么来了？"老张颤巍巍地站起来说："在家闲着没事出来转转，顺便给你捎来点自家地里种的菜。"我只得跟着他来到一辆破旧的大自行车跟前。地上放着一个青黄色半米长的大南瓜，两把绿油油的嫩菠菜，一大堆红润润的胡萝卜，加起来足有30多斤重。

我心头一热，真是感动极了——不是在乎这些东西，而是人家老张这番情意。

我知道他为什么给我送蔬菜，这还要从学生晓霞说起。因家境贫困、常年有病，老张40出头才在乡亲们的帮助下跟一位身体有残疾的云南姑娘结了婚。两人后来好不容易才有了晓霞这么个宝贝闺女。晓霞身体也不好，在学校里经常生病。我作为班主任就有意在平时多帮助她，高中三年我都为她申请贫困生补助。最终她经过刻苦拼搏考入了山东一所高校，临上大学时我又把从市妇联争取的2000元救助金送到晓霞手里。这本来是我应做的分内事，并没有任何奢求。

过去家访时我去过老张家。要知道，从他家骑车到这里来回就是25公里。时值寒冬，北风凛冽，对于一位60多岁常年有病的老人来说真是不容易。想到这里我有了一种负罪感,我恳请老张留下吃午饭,可他坚决不肯;我说你跟我回家捎上两瓶酒再走,他也予以拒绝。我知道他心里在想什么:如果吃了李老师的饭或者拿了李老师的酒,那今天就白来了。

看着他骑上自行车晃晃悠悠远去的背影,我感慨万分。看门师傅过来帮我提那些菜,他打趣说:"李老师,过去见过老学生给老师送烟送酒的,没见过还有老家长来送菜的。你看这胡萝卜,一看就没泡过水,甜着呢。"是啊,这些菜的确值不了几个钱,但在我心里,却比任何山珍海味香烟美酒都更为珍贵。它既是对我过去工作的褒奖,也是一份人间真情的体现。

接下来我做了两件事,一是给老张家里打电话询问他安全到家了没有;二是让同事们都来尝尝老张自己种的鲜萝卜。看到办公室里同事们啃着洗过的萝卜那美滋滋的高兴劲儿,我心里也甜丝丝的,一股幸福感涌上心头。做班主任,挺好的。

---

**点点思雨**

做班主任,能教出一批批学生就是幸,送走的学生还能记得你就是福了。这有点像银行里的零存整取,平时累着、忙着、辛苦着,但当凤凰涅槃苦尽甘来之时,你却发现幸福如股股暖流不时涌进你的心田:也许是师生邂逅时一声惊喜的问候,也许是在异地他乡受到学生的热情接待,也许是每逢佳节学生雪片般的问候,也许是学生建功立业后频频传来的喜报……每到此时,你才能真正体悟到什么叫"有付出就有回报",真正领悟到甘为人梯的真谛所在,真正感受幸福在哪里。

(李 波 山东省淄博市桓台二中)

## "老师，我来给你暖暖手"

该我上课了，提前几分钟走进教室，把书放到讲台上，开始走"群众路线"，自顾自地绕着同学们的座位转。

"哇！老师，你的手怎么这么凉啊？"我刚站在小史她们组的桌子边，这孩子就一把抓住了我的左手。

"我的手夏天也是这么凉的，谁让咱是冷血动物呢！"我跟她开玩笑说。

"嘿嘿，老师，怎么可能呢？你整天都是热血沸腾的啊！"旁边的兆曼照例"嘻嘻"地笑着反驳我。

"老师，我来给你暖暖手！"前排的梦晨听到我们的对话，忽地站起，转身，一把紧紧地攥住了我的另一只手。

"老师，你说说我抓着你的手怎么没有害怕的感觉呢？"这孩子一边使劲揉搓着我冰凉的右手，一边歪着头眨巴着那双会说话的大眼睛调皮地问我。

"哎呀！这还用说吗？老师平易近人、和蔼可亲呗！"小史不容置疑地把话接了过去。

"是啊！是啊！老师，握着你的手感觉好亲切啊！"我的个天，这个可爱的孩子，我还真没有想过，握着一双冰凉的手有什么亲切可言。

"老师，我从没也不敢牵其他任何老师的手，但是，看见你，我的心里就不害怕，我好喜欢你的！"梦晨这个鬼机灵的孩子又开始对我展开"甜言蜜语"的攻势了。

"老师，你猜猜我昨天跟我以前的同学是怎么评价你的？"看到梦晨如此和我"套近乎"，小史也不甘示弱。

"怎么评价我的呀？没说我的坏话吧？比如说我是'灭绝师太'

啥的。"不知怎么的，听了小史的话的那一刻，我的脑子里边鬼使神差地蹦出了个好有威慑力的"灭绝师太"来。

"哈哈哈，你想到哪里去了，怎么会呢！"这孩子情绪一激动，差点失去了控制，一下把我的左手拉到了自己的胸前，趁机又搓了几下。

"我跟她们说，我们的老班高端大气上档次，是其他任何班主任都比不了的。"小史夸张地向上扬了扬头，很骄傲地努了努嘴巴，趁势又搓了搓我的手。

闻听此言，我终于忍不住，"扑哧"笑了。"高端大气上档次"，这评价本身就很高端大气上档次啊，这个人见人爱的孩子啊。

"老师，你不知道，你在咱班人气爆棚啊！"说话一向幽默可爱的梦晨不失时机地小结了一句。

"是，是，老师，爆棚！爆棚！"她们周围的其他几位同学赶紧随声附和。

我再仔细一瞅，不知道从什么时候开始，我的双手已经被这个小组的六个同学紧紧地握在了手里。大家你争我抢地轮番给我搓手，尽管我的双手一向冰凉，但是，经过这帮小美女一阵捣鼓，真的感觉热乎乎的了。

看看快上课了，我怀着无限的不舍从六双温暖的小手中抽出我那双已经变得红润热乎的大手。

---

"老师，我来给你暖暖手！"这不是承诺，但在我的心中却有千斤的分量。"老师，我来给你暖暖手！"孩子们把热量传递到了我的手上，更传递到了我的心里，传递到了我身体的每一个细胞中。班主任是一个很辛苦的职业，许多人避而远之，但是，我却从中得到了无法言说的幸福。只要你付出了爱，你一定会收获更多的爱。我是普通的班主任，我爱自己的学生，他们给予我的快乐，远远超乎我的想象。我相信，这种快乐一定会滋润我生活中的每一天。

**点点思雨**

（李艳丽　河南省濮阳市一高）

# 爱在"教"途，花香满径

因为忘词而假装抑扬顿挫的开场白，因为脸红而假装天热的第一堂课，这些都还历历在目，不觉中已从教22个年头了。

1993年7月，我踏上工作岗位，担任初二（2）班班主任兼两个班的语文教学。我接手的班级，学生个个聪明伶俐，却也格外地调皮捣蛋。

开学第一天去操场拔草，因地界问题，我班班长与隔壁一班班长发生争执，来请示我。当时我想都是兄弟班级，发扬一下风格多拔点就多拔点吧，没啥。没想到这是他们在考验我，就因为多拔这点，同学们认为我不够勇武，不够硬气，对我大失所望。随之而来的就是各项工作的不协作，不配合。很长一段时间，我工作得特别吃力，不夸张地说，是心力交瘁。

不久，我左腿由于上火长了一个疮，化脓感染，我没请假，学生自然也就不知道。过了几天，化脓更严重了，只好去打吊瓶。其实我明白，这是我的心火所致，我付出这么多，而学生们却处处与我为敌，我几乎无奈。但静下心来想，我不能放弃，今后的路还很长，我还得一如既往，甚至比以前付出的还要多，这是我的责任。

于是，学校随处能看到我瘸着腿的身影：要么是和学生谈心，了解他们的真实想法；要么在班里听课，揣摩其他老师的授课方法；要么缠着优秀班主任，请教他们的治班方略；……然后灯下随笔，反思自己哪一步是"好棋"，哪一步是"败招"。

那天一走进教室，就发现讲台上多了一把椅子。我顺手把椅子推到一边，说声"上课"，班长异常响亮地喊了声"起立"，同学们肃立着。我照例说声"坐下"后顺手翻开课本，却没听到以往同学落座的声音。一抬头，发现同学们仍在肃立着。我很是诧异。"坐下！""老师,你不坐我们也不坐!"我一愣,一股说不清的东西涌上心头,撞痛了眼眶,猛然间,我觉得自己很幸福……我故作平静地说:"我不习惯坐着讲课,你们坐吧。""不行!老师你必须坐!""是呀,你不坐我们也不坐!"望着他们异常坚定的眼神,我无言了。"好吧。"我扶正椅子,坐下,听到同学们轻轻舒了口气。等我翻开书,一张口,又不自觉地站了起来,立刻,"唰"的一声,同学们也齐刷刷地站了起来……在我再三解释下,同学们才允许我站着讲完了这节课。

自此,我走进了这帮顽童中间。寒往暑来,22年过去了,这一幕刀刻般印在我的脑海中,时刻激励着我。

在班级管理工作中,如果一定要说有什么永恒真理的话,我想那就是对学生的爱。经冬历夏,我尝试着去爱,摸索着如何去爱,舔尝着爱的滋味。我确定:老师的幸福就是享受人世间最纯真的感情,你播下一分关心,便会收获十分的爱。漫步教育旅途,因爱之名,花香满径。

> "椅子事件"让我第一次真正体会到了那种醉人的幸福感,自从拥有了莘莘学子,便觉得自己的情感世界不再是一片荒原。为他们生过气,为他们流过泪,但是他们给予我的,却是任何职业都无法领略的幸福和喜悦。亲爱的同学们:汗,我们一起滴过;泪,我们也一起流过。但前面的路还很长,遥远的,咱们有一纸相牵,一情相系;相近的,咱们朝夕相处,日久天长。我愿用我的双肩托起你们一起前行,一起去欣赏这满路的花香。可否,我亲爱的同学们?
>
> (李英娣 山东省烟台市开发区第二初级中学)

**点点思雨**

# 32份牵挂

孩子是天真无邪的,他们也许不懂得很好、很准确地表达爱和感激,但他们有着一颗纯洁如泉的心!

前段时间,我身体不好,请假住院一个月。俗话说,病好一身轻,返校时,心情格外轻松愉悦。

这些小家伙,看到我后,欢呼雀跃,送来一张张祝福的小卡片。我呢,连声向他们道谢。而让我没想到的是,课后,平时最不受同学欢迎,最不受老师关注的小征一声不吭地走到我面前,笨拙地从口袋里掏出一个"大红包"塞给我。还没等我反应过来,他转身跑了。

我拿着"大红包"回到办公室,仔细一看,这是一个用红纸自制的"红包",上面歪歪扭扭地写着一句话:送给梁老师的大红包。我知道,小征认识的字和会写的字不多,仅写这一句话,对他来说已属不易了。

我打开红包,从里面倒出了32张两厘米见方的红色小纸片。这些小纸片的红颜色深浅不一,大小也不尽相同。我继续翻看红包,再无他物。我看着这些小纸片出神,百思不解其意。我很想知道其中的意味,生怕错过什么。于是,我拿着红包又往教室走,看见小征正在玩,急忙问他:"小征,你送老师的小纸片代表什么意思呢?"

小征的脸红了,没有回答。与他一起玩儿的同学开起了玩笑:"小征,你给老师包了多少钱的红包呀?"

小征看了看同学,又看了看我,羞怯地低下了头。我见他语塞,急忙换了一个问题:"那为什么是32张呢?"

"因为老师不在学校32天!"他的脸又红了,再次羞怯地低下头。

"哦!"我似乎突然明白了什么——师生之间心与心的交汇之处是爱的圣地。我的心里腾起了一股奇妙的温暖。也许这代表每天一份祝愿，也许这是32份牵挂、想念，也许……

我很感动，却不知如何表达，只有连连道谢：谢谢你，谢谢！

那一刻，我觉得自己是世界上最幸福的老师，那一包红纸片是我收到的最珍贵的康复祝福。

其实这几年来，由于小征学习成绩落后，行为习惯不好，我只给予他很少的爱与关注。但他却以这样的方式让我醒悟：教育是一种唤醒，是一种激励，是一种生长。教育更是一项种真心、得幸福的事业。我以很少的"投入"唤醒了他善良、质朴的本性，换来了他的感恩之心和真情回馈。所以，我是幸运的，也是幸福的！

有时候，我们千万不要被孩子们贪玩、顽劣的表象蒙蔽，觉得教育是那么的无力和苍白，而要善于发现和体验孩子们带给我们的简单而热烈的温暖。要从细微处寻找每个孩子的闪光点，将其放大，将其彰显。要相信，这点小亮光将来有可能拥有太阳般的能量。让一个个"太阳"普照大地，是我们教育生命的全部价值，也是我们幸福的所有内涵。

---

作为教师，我们的职业特性决定我们终身在做一件幸福的事业，只不过这幸福需要我们自己用心播种、用心发现。我们面对的是纯真可爱的小学生，无论他们的学业成绩优劣，他们都拥有善良的本性。而这种本性需要集体的浸润，需要班主任的呵护，才能散发出温暖的能量，辐射到父母、同伴、老师、社会、自然。如果我们拥有这样的学生，世界上还有谁比我们更幸福呢？

（梁世累　浙江省温州市苍南县第二实验小学）

# 幸福花絮

**情人节的玫瑰**

2月14日,西方的情人节。下午六点左右,我接到一个陌生女子的电话,约我到某某酒店见面。情人节、陌生的女子、酒店,这几个词放在一块,难免让人浮想联翩,也让我犹豫不决。

可是,过了十分钟,那个电话再次响起。这次,对方称我为老师,说大家都到齐了,催我快点去。既称老师,想必没什么陷阱。因为"老师"这两个字还是十分神圣、令人尊敬的。于是向老婆大人汇报后,我驱车前往。

刚进酒店,一个曾经教过的女学生捧着一束火红的玫瑰送到我的面前。我的脸"噌"地一下红了,甚过那玫瑰。

这个原本胆小害羞的女学生今天怎么这么大胆!进到包间,我才发现,来的都是我教的第一届初中班的学生,男男女女十多个。在这个特别的节日里,他们决定给我一个特别的惊喜。他们放弃与爱人的花前月下,来陪我一起度过这个浪漫而温馨的夜晚。

那一夜,酒喝得很高,但不醉;话说了很多,但不腻。

那一夜,我觉得自己是最幸福的人。

**温馨的留言簿**

在我的案头,摆着一本不算精美但却十分特别的留言簿。那是在2014年教师节,当年毕业的学生送给我的礼物。

打开留言簿,你会看到,每一页上面,都印着一个颜色各异的大大的手印。65个手印,就是65颗滚烫的心。手印下面,是学生们的留言。有对三年高中生活的美好回忆,有对老师教育他们时的细节的真实记录,有对老师课堂上幽默语言的如实再现,有对老师发自肺腑的感激祝福。每一段文字的背后，都是一个鲜活的生命；每一段文字的背后，都有一个动人的故事。一本留言簿，就是一本学生的成长史；一本留言簿，就是一本老师的爱生史。

读着那一段段令人备感温馨的文字，作为老师，还有什么比这更让人感到幸福和满足的呢？

**别致的祝福语**

2014年农历五月初八，是我的生日——一个我自己常常忘记的日子。

凌晨刚过，就开始收到生日祝福短信，这种情形一直延续到中午。更让我惊喜的是，晚上下班回到家登录QQ后，马上跳出一个接收离线文件的提示框。

保存之后一打开，居然是身在不同高校的学生，把各自录制的祝福音频统一发给小臣，然后由他合并而成的祝福我生日的音频文件。听到那一声声"东哥"，听到那一句句不乏溢美之词的称赞和真诚的祝福，那一刻，我有一种想流泪的冲动。多么朴实又可爱的学生啊！

其实，作为老师，我只是做了自己应该做的。可是，学生们却总是把那份感激常留心底，然后通过各种不同的方式，传达给我。虽然，这份礼物是廉价的，但是在我看来，没有比这更珍贵的礼物了！

---

教师的光荣可以是在同行中名列前茅的升学率，也可以是站上教学比武那高高的领奖台，还可以是教育教学经验总结方面的著作等身，但比这些更重要的是我们在孩子的心里留下了美好的印象。教师最大的光荣应该是在学生的记忆里，这才是教师的幸福的真正源泉！

活在学生的记忆里，需要我们以爱去博得爱，以心去换取心；活在学生的记忆里，需要我们与时俱进，不断更新自己的教育理念；活在学生的记忆里，需要我们真诚地付出，无私地奉献！

**点点思雨**

（刘卫东　湖南省常宁市第一中学）

## 老班的幸福

再过几个月,高中生活即将结束,高三(1)班开展"感动班级人物"评选活动。有同学提议要我也当候选人,我坚决地拒绝了。然而,他们还是没有放过我。颁奖班会上,文艺委员代表班级给我写了段颁奖词,让我备感幸福。她说:"老班,您像热爱自己一样热爱您的班级,尽管现在是寒冬,但您仍让高三(1)班感到温暖。您幽默乐观、充满激情、多才多艺,却让我们感觉不到半点距离。为了不让生病的同学受冻,您将外衣让给同学,自己却被冻得流鼻涕。看着您若无其事地假装爬楼梯御寒的身影,高三(1)班被您融化了。"

高考很快就要到了,我的咳嗽却总不见好。星期一晚上到学校值班的时候,看见我的办公桌上放着一瓶枇杷膏,瓶子下面压着一张没有署名的纸条,上面写道:"老班,您辛苦了!每次看到您咳嗽却还坚持工作的样子,我们总是感到如此心疼与感动。这是我妈熬制的枇杷膏,很有特效的,您试试看,祝您健康!您的学生。"我突然想起上午参加升旗仪式前的另一件事,来自山区的阿敏送我一罐青橄榄,说是他家留着自家用的,村里人常常用橄榄治咳嗽。霎时,一股暖流涌上心头。

高考结束后,学生们狂欢。第二天,我到班级检查。沿途各班空无一人,教室内外一片狼藉,所见之处,惨不忍睹。行至走廊尽头,却见我们班的门窗紧闭着。开门扫视,只见桌椅整齐,地板干净,唯独黑板没擦,我感到有些奇怪。走上前细细观看,只见黑板上写道:"S罗,我们永远爱你!""老班,我悄悄地离开了,保重!"……顿时,我百感交集,幸福之泪夺眶而出。

高考成绩出来了,小程被理想的大学录取了,这个只用一年时间就实现了从高考模拟考试300多分到高考近500分突破的传奇人物突然向我提出了一个请求:"老班,您一定要继续当班主任!"我问为什么,他说没有我的帮助就没有他的今天,说我继续当班主任可以帮助、转化更多像他这样迷途知返的学生。我很感动,这是第一次有学生请求我当班主任,我答应了,我再一次感受到了当班主任的幸福。

新的学期到了,高三(1)班的同学们也已各奔西东,但是,老班的幸福还在延续。小君说:"老班,您帮我把鱼儿养好,等放假回来我一定送您一幅我的画作。"楠儿说:"老班,待到旗台木棉花盛开,您要代我好好欣赏。"小英说:"老班,明年您一定要说话算数到我家吃杨梅。"雪儿说:"老班请您放心,我在海南很好,不会再随便哭鼻子了。"小槟说:"听老班的,念大学,不回家种地瓜了。"……

**点点思雨**

"幸福是一种享受。""人类最上的享受是心灵的享受。"朱光潜如是说。对于执著于班主任工作的老师来说,师生间建立起来的情感便是一种心灵的享受,而这种享受源自平日里的真心付出。人非草木,孰能无情。教育是爱心的事业,爱心是可以传递的。我一直坚信,有一分付出就必定会有一分收获。真正的幸福是一种感觉,是一种状态的持续。我们用心去投入的三年的师生真情不会因离别而消失,它会铭刻在我们的心中,一旦想起,幸福之感便油然而生。

(罗少武　福建省漳州市诏安第一中学)

## 满屋菊香

走在乡间的小路上,发现野菊花正热烈地开放着。野菊花绽开的笑脸,让我不由自主地想起了铁军那纯真的笑脸;那沁人心脾的芳香,也让我回味起铁军带给我的满屋菊香,幸福感油然而生。

十年前的8月31日中午,作为初一班主任,我迎接了班上的新成员。上午放学后,一个怯怯的声音在我身后响起:"老师,我还可以报名吗?"他就是班上最后一位报名者——铁军。

铁军小个子,黑皮肤,旧衣服。伴随他的,似乎还有一股发臭的异味。当他俯身填写自己的报名信息时,我发现他的左耳里流出了一些黄黄的液体。铁军说,他和爷爷奶奶一起生活。我不禁感叹:没有父母照顾的孩子就是让人心疼啊!由于下午不上课,我带着铁军在卫生院买了一些消炎的药。铁军很高兴地道了谢。

第二天上午,铁军那年近80岁的爷爷到了学校。老人家动情地说,孩子两岁时就父死母嫁,从此和爷爷奶奶相依为命。孩子的耳朵是读幼儿园时摔伤的,当时由于没钱,只买了一点普通的消炎药,以为过几天就会好,没想到却从此一直流脓。因为是孤儿,加上耳朵不好,孩子经常受人欺负。"我和他奶奶年纪都大了,只希望多活几年,等他长大些才放心。老师啊,他妈妈那么狠心,十几年了都不回来看一眼孩子,你才见他第一天就帮他买药,你真是比他妈妈还好一千倍!"我很难过,为小小的铁军,为他年老的爷爷奶奶。

铁军的座位轮换到离讲桌不远的地方了。好几次下课时,我都能看见他边上的同学捂着鼻子逃离座位。正当我想说点什么时,铁军却主动找到我说:"老师,我还是坐角落吧,小学时我一直坐角落,没坐过中间。"我的心里酸酸的。

铁军很勤快,常帮助老师和同学做事,于是我常常在放学后请他来我办公室领奖：一支笔、一个练习本、一个苹果等。

转眼到了秋天。我在散步时看见野菊花，突发奇想要给儿子做个菊花枕。于是我到班上说，如果谁周末有空的话，帮老师摘点野菊花吧。接下来的周末，铁军第一个给我送来了野菊花，用塑料袋装了满满一袋。我在走廊上铺开好几张报纸晒花。花朵金灿灿、香喷喷，引来了艳羡的过路者，还引来了勤快的小蜜蜂呢！我收到的野菊花越来越多，其中有一半出自铁军之手。我满怀歉意地说："摘花一定耽误了你很多时间吧？"

"没有，老师。我都是在放牛时摘的。只要老师喜欢我就高兴！"

不久，我缝了一个小枕套，里面塞进干的野菊花。于是，香味就充满了我们那小小的屋子。儿子捧着菊花枕喜欢得直打滚，他说，他闻出了幸福的味道。

从此，那满屋的菊香，就一直伴随着我，那幸福的味道，永远留在了我的记忆里。

---

幸福是想要的东西得到了，幸福是缺失的东西填补好了，幸福是真诚的给予被接受了，幸福是付出得到回报了。幸福与物质无关，却与爱息息相关。身为班主任，身为母亲，能为他人的孩子、自己的孩子带来快乐，这就是幸福。满屋的菊香里，我闻出了一个孤儿的坚强、朴实、善良、感恩，也闻出了儿子那颗容易满足的心。让身边的人快乐、满足，就能让自己幸福，而且这种幸福会扩大，会感染他人。

幸福的味道也许很简单，但一定很持久。

（宁解珍　湖南省隆回县九龙学校）

## "你们把我'宠'坏啦！"

"覃妈，您嗓子不好，这蜂蜜润喉，要记得吃哦！""这条围脖很好看，西早姐试试？""这个是我们去泰国旅游带回的榴莲糖，西早姐尝尝？"毕业多年的学生来我家，家里顿时热闹极了。

"知道我是个吃货，还带来这么多东西害我！"我一边做委屈状，一边大吃特吃他们带来的各种水果、糕点。吃完还责备他们："都是你们把我'宠'坏啦！"学生们大笑。

是啊，这群孩子在上高中时，就十分宠我。课间，我一走进教室，就会冷不丁地被他们喂了块饼干，塞了个苹果，他们甚至还把家里做的肉丸水饺提来和我分享。若是我感冒咳嗽了，那更是天塌下来了一般，止咳糖浆、黄氏响声丸、雪梨什么的全堆在我办公桌上。晚自习回家，常有护花使者同行，因为他们听说我曾在路上被抢劫过。他们轮流送我回家，把我宠得像小姑娘似的，不用再担惊受怕。

到了做饭时分，他们把我按在沙发上："往年都是您为我们忙，今天您休息，我们每人做道菜，您打分。"不用担心他们找不到东西，"对覃妈家的厨房比对自家厨房还熟悉呢"。他们说笑着，择菜，洗菜，切菜，炒菜，不知不觉十几道菜就上了桌。

"这是我做的亲妈炒牛肉，尝尝是不是亲妈的那种味道？"高中寄宿生活苦，这道菜我常做给他们解馋，小杰就把它命名为"亲妈炒牛肉"。

"这是我的亲妈泡椒凤爪，您尝尝，学到家没有？"小敏也跟着叫"亲妈"，"17岁生日那天，亲妈给我做了这道菜庆祝生日呢！外面店铺的怎么都没有亲妈做的好吃，里面有爱的味道哦！"五年前，小敏的妈妈患精神病住院了，在小敏要崩溃时，我做了几道家常菜给她过生日，让她特别感动。

……

都五六年了，孩子们还清清楚楚地记得我为他们做过的点滴小事，一股暖流在我心底流动。

"亲妈不能动，我们来喂！"哈哈，真把我宠成小孩子了。我被孩子们塞了满嘴菜，每一道菜里面都有我和他们的故事，每一道菜都是我被他们铭记的幸福。这些哪是普通的菜啊，分明是他们对我的馈赠。

饭后，文逸打开 Wi-Fi，大家拉我进微信圈玩抢红包游戏。

"我不会啊。"我说。"没关系，我们教你。"

可是我手机网速太慢，总是晚了一步，抢不到红包。我撒娇，发一个哭的表情："555，又被你们抢完了，我一个都没有！"

马上有人回应："西早姐，别哭，我给你发红包！"

还有人喊："谁抢了覃老师红包，那是给覃妈的，吐出来！"

手快的赶紧吐着舌头，将红包发还给我，还附上了新年祝福："感谢西早姐，没有你就没有我的今天。""覃老师，我们爱你！"红包奔涌而至，大家似乎都达成了默契，等我点开之后，他们才抢。

"西早姐，我还保留着你给我的高考前的祝福纸条，那是我的幸运符。""感谢你陪伴我度过我最艰难的时刻。""覃妈，记得按时吃早餐，多保重！""西早姐，一定要年轻美丽哦！么么哒！"……

打开一个个红包，这些简短的话语，击中了我的泪腺，我再一次感受到被孩子们宠爱的幸福。

---

**点点思雨**

幸福是什么味道？幸福是我们的爱得到回应的味道；是在时间的长河里听孩子们生命拔节的味道；是一年又一年，毕业的孩子们回母校看老师的味道；是被身在天涯海角的孩子们惦记着、关心着、宠爱着的味道；……做教师的幸福，就是看着我们的学生一个个成长成人，成为国家栋梁，成为社会各领域的优秀人才，成为我们这个社会的正能量时的成就感、自豪感。教师的幸福，就在这种温暖、自豪、骄傲中疯长。

（覃丽兰　湖南省怀化市铁路第一中学）

## 幸福的生日

今天是我的生日，我非常幸福。

到了我这个年纪，对生日已经没有了冲动和期盼，但却被突如其来的关爱包围了。不必说前天就有亲爱的朋友在家单独为我做了佳肴美味，备了干红美酒，剥了石榴、橘子；也不必说昨天亲爱的朋友相邀一起去维吾尔族买大爷的烤肉店，烤着通红的炉火，喝着维吾尔族特制的药香大碗茶，吃着大串嫩嫩的烤羊肉；更不必说老公早起给我煮鸡蛋，老爸老妈从昨晚就开始准备今天的丰盛午餐，儿子掐着时间给我打电话，手机QQ、微信里满是亲朋好友送的各种祝福各种礼物；单是今天在学校，六班孩子给我的一系列惊喜，就让我有无限的感动，更让我备感幸福。

上午第三节课还没上课呢，宝贝小亮就来催了。

"老师，下节课是英语课，老师生病没来，是你去上课？"

"我不知道，看学校通知吧。"

"老师，预备铃已经响了，你去一下教室嘛，不管上什么课，你不是都喜欢上课前去教室看一下吗？你就是定海神针，你一去教室就安静了。"

小亮拽着我一起去教室。在教室门口，宝贝祖力亚尔和爱尔凡见我走来，异口同声道："老师，生日快乐！"我笑着答道："谢谢你们。"推开教室门，啊，教室里拉着窗帘，也没有开灯，黑乎乎的，又是哪个熊孩子在调皮了。我顺手开灯，灯一亮，一张张笑脸对着我，孩子们异口同声道："老师，祝你生日快乐！"我看着孩子们灿烂的笑容，眼睛有点氤氲，转过身努力地眨着眼睛，却又发现黑板上画着气球，写着："致吴老师，这可能是最后一次陪你过生日！""转眼我们已经初三了，就要离开你了，我们爱你。""吴妈，虽然我们不是最优秀的一届，但我们是最努力的。"

看到学校安排数学老师来上课，我默默地离开了教室，默默地在心里说："六班的孩子，我爱你们。因为你们，每天的工作都是幸福的。"

下午，六班的孩子早已预谋好了，"串通"化学老师和我换了课。蒙在鼓里的我准时来到教室，怎么教室里又是黑乎乎的？我一进门，灯被突然打开了，早已候在两边的孩子用准备好的喷花，对准我"滋滋滋"地喷起来，手机、照相机也开始不停地拍照，这突如其来的阵势让我有点发呆。孩子们簇拥着我走上讲台，黑板上的祝福内容更丰富了。讲桌上放着两个生日蛋糕，还有饮料、爆米花、薯条。孩子们笑着、叫着给我戴上生日头饰，请我切蛋糕。孩子们说："老师，这两个蛋糕，一个是咱们一起吃的，一个是请其他任课老师吃的。"接过孩子们递给我的塑料刀，我调整心情，认真地切着蛋糕。孩子们一边往我脸上抹奶油，一边抢着把切好的蛋糕送给各任课老师。六班的孩子们记住了我的生日，并在为我庆祝生日的同时，表达对其他任课老师的感谢。事后科任老师都羡慕地对我说："吴老师，你好幸福呀！"

是的，有这样一群孩子，我们都幸福！

> 班主任的幸福，是世界上最简单的幸福：生日时的一个祝福，生病时的一盒药，生气时的一句安慰。班主任的幸福，是世界上最单纯的幸福：或许是在晨光熹微的校园看到正在成长的鲜活生命，或许是在放学路上看到学生结伴而行的无忧无虑。因为有希望，所以坚持；因为有坚持，所以快乐；因为有快乐，所以幸福。固守一份高贵的灵魂，在喧嚣的环境中读喜欢的书；坚守一颗沉静的心，在浮躁的世界里做喜欢的事；恪守一种敬业的精神，在忙乱的工作中，享受属于自己的幸福。
>
> **点点思雨**　　（吴菊萍　新疆泽普石油基地巴州石油二中）

## 手机里盛不下满满的情义

"您的短信存储空间已满。"手机屏幕上又出现了这样的提示。又满了！我真有些惆怅，删哪个？看来看去，哪个也舍不得，可舍不得旧的就进不来新的，只怪自己的手机空间太有限了。可照我这样的存法，恐怕再大的空间也得满，因为只要是学生发来的我都不想删，可学生越来越多，节日信息也越来越多，存储空间哪里够用啊！于是就把实在难以割舍的抄录下来。

"呼呼我的亲亲好老班，让我献词一首吧！水调歌头：八月十五夜，月初至苍穹，望月有怀，故作此篇以寄微思……有老班的明月我就没有寂寞的青春呢！嘿嘿嘿！"这是2011届我那个率真得像个小孩子，顽皮得像个男孩的小晨，她老是没正形，可总能在不经意间让你感动。

"祝您家庭幸福，阖家欢乐！没事儿就想想我，一定能笑出来！"这是我得力的班长小时。自打他们毕业了以后，逢暑假就组织同学聚会，最后一站必是我家。

"班头中秋快乐哈，身体健康哈，万事如意哈，我们永远是您阳光明媚的弟子，嘿嘿！"这是调皮又厚道的小源。

"这是一条与众不同的短信，这是一条饱含祝福的短信，这是一条感人至深的短信……您最优秀兼最具责任感的歌长给您拜年了！"这是老爱跟我耍贫斗嘴的小远，每年教师节必掐着点在晚上九点十分给我打来问候的电话。

"干妈妈，爱你，么么，嘿嘿！""干妈妈，节日快乐，身体健康，工作顺利，想你，么么。"这是那脾气急躁，爱耍小性子，又有情有义的小霞，不管我同不同意反正这"干妈妈"她是叫定了。

"我虽然不是您最优秀的学生，但您是我最喜欢与敬爱的老师！

又是一年教师节,在此送上我最真诚的祝福:老班,节日快乐!"这是平日沉默寡言,有些自卑,但内心丰富的小萌。

"军训累死了,熬到十二点到了九月十号。节日快乐,我的亲爱的老师!"这是一豪,熬到半夜只为了在9月10日的第一分钟给我发来祝福。

"老师,今天中午看见您,觉得您感冒了,这几天气温下降了,您注意身体!"这是我才接手的新班里善解人意的欣怡。

"老师,节日快乐!还有,换个发型吧,我们拭目以待啊,哈哈!"

"老师,那次谈话我明白了好多,您放心,我知道该怎样做了!"

……

信短情长,一声声问候,一张张笑脸,一份份记忆,不可尽数。不管平时还是节日,无论现在的还是过去的学生,收到他们发来的信息,看到他们的成长,就是我这个为师者最幸福的时刻。我珍视这师生的情谊,珍视这宝贵的精神财富。我庆幸自己的选择,因为有了教育,有了学生,我的人生才多了几分价值,我的生活才多了几分浪漫诗意,我感恩于命运的馈赠,我珍爱这缤纷的美丽!

> 人们常把老师比作园丁,我觉得老师也是渡船或摆渡人,把一个个孩子渡到他们想到或该到的地方,在渡学生的过程中也在渡自己,完成自我的升华,使自身生命的价值得到充分体现。这难道不是人生的一大快乐吗?我们精心耕耘,默默摆渡,学生回报给我们的不仅是成绩和成长,更有满满的情义,纯真质朴,和我们手机小小的空间里怎么都盛不下的厚重美好!这难道不是人生的一大幸福吗?幸福快乐不能单靠别人给,要善于从工作和生活中去寻找、去体味、去享受。
>
> (张俊华 天津市滨海新区大港第一中学)

**点点思雨**

# 被学生惦记就是幸福

央视曾经做过一个"幸福是什么"的特别调查节目，引发了当代中国人对幸福的思考，那么班主任的幸福又是什么呢？

班主任的工作苦、累、烦琐，这是公认的，但我们不要光想着苦，要学会"苦中作乐"，寻找工作中点点滴滴的幸福。我觉得班主任最大的幸福就是能时常被学生惦记着。

### 一颗苹果

我记得那是 2003 年中秋节，晚自习放学，班里学习成绩最差的学生小超拿着一个苹果硬要塞给我。我问他："你为什么要送我苹果啊？"他说："你对我好！我学习成绩差，在小学时，老师都看不起我，现在你却没有。我惦记着您的好！"其实我也没有做什么，说不上重视他、关心他，只是一视同仁地对待他，他却惦记着我的"好"。当时，我是既惭愧又感动，连忙咬了一口苹果："嗯，真好吃！"

他笑了，我也笑了。被学生惦记的感觉真好，这就是幸福！

### 一次生日

2012 年，我接了一个新组合的班级，是由考重点高中无望的学生组成的。这班学生，学习成绩虽然不好，但各方面能力还不错，他们总感觉自己被学校放弃了，我开导他们成才的道路有千万条，他们也就渐渐地接受了我。

11 月 28 日是我的生日，我随学校部分老师一起到外校考察、学习，心情有点失落：不能跟家里人在一起过生日了。

晚上，我回到了学校，一进教室，班长响亮地喊了一声："起立！"全班学生站了起来，小飞带头，大家一起给我唱生日歌庆祝，最后齐喊:"启哥,生日快乐!"

我很奇怪:"你们怎么知道我的生日的?"

他们得意地笑了:"保密!"他们说那一整天都在盼着我回来,给我过生日。

一个人的生日能够被这么多人惦记着,这就是班主任独有的幸福!

## QQ 留言

来自贵州的学生小敏回老家读书了,她时常在我的 QQ 里留言:
"郑老师,您好!最近怎么样啊,工作忙吗?"
"郑老师,祝您元旦快乐!"
"郑老师,这次考试我又进步了,向您汇报嘚瑟一下!"
……

每次看到小敏给我留言,我就会感觉到学生并没有忘记我。被学生惦记的感觉真好,这就是被"骚扰"的幸福!

## 师生同游

2005年中考过后,小军考上了重点高中。他第一时间给我打电话:"郑老师,不要忘了我们之间的承诺。"我笑着说:"没忘,你考上重点高中就和你一起去桃源坑游玩。"

游玩之后回家的路上,他对我说:"郑老师,现在我毕业了,就想着借一起游玩的时间能和你多待会儿,以后想起这次旅游就会想起您。"

呵呵,能被毕业了的学生惦记的感觉真好,这就是幸福!

……

还有许许多多,我无法一一列举,被学生惦记的感觉真好,我觉得这就是当班主任的幸福之处。

对我们来说，幸福就是一种感觉，一种人生态度。每个班主任对幸福的理解肯定是不一样的，感悟也是不同的。但有一点是相同的：如果连班主任都感悟不到幸福的话，那么他的学生也不会幸福的。班主任的幸福感来自生活中的点点滴滴，非常平凡，关键在于我们怎么去发现幸福、感悟幸福，从而享受幸福！

我觉得作为一名班主任，能被学生惦记着，这就是最大的幸福，也是我们最大的工作动力，更是对我们班主任工作最好的肯定。

（郑光启　浙江省台州市天台县平桥镇屯桥中学）

## 20年后我们依然想看您!

"郑老师,我是小东,您初四在家吗?我们想给您拜年。"正月初三,我正要去姐姐家拜年,电话铃响了。

"我上午要送老爸去走亲戚,中午我会在小姐姐家吃饭,下午可以吗?"春节期间,日程安排都很满,但是这些年,我第一次当班主任时的学生依然坚持每年春节来拜年。

"告诉您,今年又将增加一些您想不到的美女来看您哦!"小东故弄玄虚。

"行行行,不管美女,还是帅哥,我都欢迎。"挂掉电话,我突然有些伤感。我工作的第一个学校,2001年的时候彻底倒闭了,原来的教学楼,已经成了现在仙槎桥镇政府的办公地。别人可以回母校看看,而我的这些学生,母校成了他们回不去的记忆。幸亏现在通讯联系方便,真实的母校不在了,我们可以在网上联系;大家不在一起了,我们可以电话联系。

第二天,依然很忙。送老爸,接老爸,去姐姐家吃饭,回来就两点多了。他们什么时候来呢?尽管电话里已经联系得很清楚,我还是有些惦记。当意识到这一点的时候,我不禁哑然失笑了:真是年龄大了,性格越来越天真了,什么时候这么念旧,居然对老学生来访这么重视了?可不可以装作不在乎,可不可以装作很淡定?我找来一本杂志,使劲地让自己安心读下去。

五点钟的时候,楼下很热闹,一大群人在下面,小区里突然增加了很多平时难得见到的车型和车牌,我估计是他们来了。打开门,果然,领头的就是小东。

以前常来的我认识,意外的是班上仅有的几对恋爱的,这时候也结伴来了。"郑老师,还认得我吗?"腼腆的小文是辈分长我一辈年龄却小我几岁的学生，居然胖得我快认不出来了。"老师当然认得，你剥了皮老师也认得。"他的爱人——当年的学习委员小霞依然活泼，依然快人快语。我笑了。

还有高二就恋爱的小群，这个被爱人小梅宠坏的孩子，依然大大咧咧地："嘿嘿嘿，郑老师，我又来了。""来了好，我欢迎啊！"

"郑老师，他们那时候在班上懂事早，都是成双成对地来。您那时候不让我们恋爱，我就只好一个人来了。"经商近20年的小成也来了，他是当年班里背英语最厉害的那个男生。

"我那时没有说不准你们恋爱，只说不准让我在学校做爷爷、外公吧？"我笑着回答。

"说好了，我们今天要照全家福啊。"当年最柔弱的小娟说。

"行啊，把小勇的俩孩子也拉进来吧！"小勇，当年专心练字的那个孩子，我在很多地方讲课都提到过这个学生，居然有些害羞，他的两个孩子却大大方方的，跟我叫叔叔呢。行，今天给你们老爸升级，都和我平起平坐了，呵呵。

拍照、吃饭，居然从下午五点闹到晚上十点，大家都嘻嘻哈哈的。聚会结束的时候，一直沉默寡言的小涛说了一句："郑老师，今天您感觉幸福吧？没有想到我们毕业20年后，依然还这么想来看您吧？"

那一刻，我感觉胸口有股热流在涌动，只记得傻乎乎地，和他们一一握手道别。

---

想想看，有哪一个职业，像我们做老师的一样曾经付出过那么多心血？有哪一个职业，能够让你曾经工作过的对象时隔20年依然惦记着来看你？教师的幸福，不在于你教出了多少优秀学生，而在于他们成年之后、成家之后、工作之后，是否依然幸福。我很高兴，那些当年恋爱的孩子，现在依然是幸福甜蜜的一对；我很庆幸，当年没有拆散他们。

**点点思雨**

（郑学志　湖南省邵阳市邵东县两市镇一中）

# 一张生日礼物清单

上午第一节课去教室，门口有三个孩子堵住我不让进。我以为他们故意跟我装怪，戏谑道："拦路抢劫了？我可是身无分文并且还一毛不拔的哈。"

"当当当！"最善搞笑的小腾手上舞着一张卡片，敲锣打鼓般从人堆里挤出来，说："艾岚同学，给你一个大惊喜，请看！"说完把手上的卡片递给我。

卡片上赫然写着：

1. 橘子数个（祝艾岚一生大吉大利）；
2. 核桃数枚（祝艾岚青春永驻）；
3. 红苕数根（祝艾岚身体健康）；
4. 满天星一瓶（祝艾岚心想事成）；
5. 唇彩一支（祝艾岚美丽依旧）；
6. 祝福短笺五封（祝艾岚生日快乐，天天快乐）；
7. 小许抱拳，表演仿古生日祝福礼节（让艾岚尝尝当老佛爷的滋味）；
8. 生日祝福歌（用歌声传递艾岚以前和现在所有学生对她的爱）。

我低头看完，原来是一张生日礼物清单。我很疑惑，孩子们怎么知道我的生日？我从来没对孩子们说过啊，我甚至连暗示都没有过，他们是从哪里知道的？心念闪动之间，有孩子朝我鞠躬，打出请的手势，说："恭请艾岚同学进教室受礼。"

我在孩子们的簇拥下进入教室，刚在讲台上站定，孩子们就唱起了生日祝福歌，我很惊喜，但同时也有些尴尬，脸上微笑，内心狂喜地听孩子们唱歌。孩子们把歌唱完，我还没来得及表示感谢，一群孩子就冲上了讲台。

瞬间，橘子、核桃、红苕、满天星、唇彩、短笺，全送到我手上来了。我一双手根本拿不了，孩子们就把东西放在讲台上。一会儿，讲台上就堆了一大堆。看着我手上以及讲台上的东西，我的鼻子有些发酸，我想说些感谢的话，或者是些煽情的话，可是，我一张嘴，我的眼泪就要出来了。我不好意思当着孩子们的面流泪，赶紧把身子转过去面朝着黑板。我的天啊，我惊呆了，黑板被孩子们用彩色粉笔装饰一新，上面写满了祝福的话语，每个孩子都在上面签下自己的名字。

我不知所措，为师多年，我从来没有被这突如其来的幸福浸泡过，我觉得我都快晕了。一向伶牙俐齿的我竟然说不出一句话来。

孩子们似乎都理解我此时的心情，一句话也不说，笑吟吟地望着我。待我平静下来，我问："你们怎么知道我的生日？"

几个孩子异口同声地告诉我："我们是在教室的墙壁上看到的。"说完，还指给我看在哪个位置。

我循着他们的指点走过去，低头一看，果然，在教室的侧墙，桌沿下面，清晰地刻着：农历十月初三是钟老师的生日，请下一届的师弟师妹们一定要帮我们为钟老师过生日，帮我们送上祝福，谢谢！

看到这一行字，我再也控制不住激动的情绪，眼泪"唰"地一下就流了出来。我的孩子们，不论是现在的，还是以前的，他们都深深地爱着我，身为班主任，能赢得所有学生的爱，还有什么幸福可与此相比？

> 关于幸福，其实我思考得比较多。我也经常扪心自问，我幸福吗？有一段时间，我认为我很不幸福。因为我总觉得我的工作很烦琐，我的学生很不听话。后来终于明白，不是我的工作不好，也不是我的学生不听话，而是我评价工作和对孩子的标准出了问题。我将会一天天老去，可是，我的红颜衰落却有青春作伴。我的人生也许会充满一种黄昏后的凉意，但黄昏的天空是彩霞满天。我一个人日渐衰老，却有几十个朝气蓬勃的孩子用他们最纯真的心灵相伴，我还能不知足，不幸福吗？
>
> **点点思雨** 　　　　（钟　杰　广东省深圳市光明新区光明中学）

## 生活，已离不开微信

不止一次地生发感慨：生活，已离不开微信！

任教毕业班，带领学生冲刺中考。在微信上建起了班级群，囊括了全体家长和任课老师。

"孩子的作业登记表忘在学校了，麻烦哪位家长把周末的作业发给我？"这是涵楚的妈妈在求助。立刻，小昭妈妈把作业单拍了照片传到了群里。

"建议家长全面而理性地看待孩子的成绩，不要让分数左右自己的情绪。"这是我在期末考试后给家长的提醒。

"孩子们好！年过得差不多了吧？收收心学习吧！下面传的照片是寒假作业的示范。"这是我在寒假期间进行遥控指挥。

晚上、假日，学生、家长，提醒、鼓励、咨询、答疑……

微信，让交流互动得以实现，随时随地。

"又从九点半到现在，吃奶换尿布……终于睡着了……赶紧给媳妇做碗番茄鸡蛋面……陪月子的人好苦哇！"哈哈，这是杭州的小帅在晒幸福，15年前的小毛头，今天居然当了爹。他的晒幸福常常是牢骚式的。

"八点开始训练——站姿，引导手势，托盘里的水从一瓶到两瓶再到四瓶，胳膊要废了耶……""晚上颁奖的嘉宾好像是姚明，想想还有点儿小激动呢，最后一场颁奖，加油！么么哒！"这是南京大学的小壹，高挑、漂亮、气质优雅，被选进南京青奥会颁奖礼仪队。她的秀成功常常是撒娇式的。

"来到一汽，满眼的汽车，清一色的奥迪……虽然不让拍照，依然很满足！"这是吉林大学的小慧，单纯、热情、爱生活，"每个周末都不闲着，省艺、南岭校区、桂林路，好奇心太重，想去的地方太多。"她的晒心情常常是图文并茂的。

特别喜欢看朋友圈，因为圈里有各奔东西的学生，每天在发心情，晒快乐。

微信，让收获的快乐得以分享，随时随地。

平静的日子，也会有不测风云。最令我心惊的是2015年元旦那天，早上起来看新闻，上海外滩，踩踏事件！如花的年龄，惨不忍睹！

上海，有我心爱的小雨和小羽，两个自信、爱玩的丫头。心慌意乱地微信发过去，迅速得知祸与福。心惊之后我果断建群，因为和他俩一样正在读大二的还有40多个学生，那是我倾注心力最多的"山寨重点班"的孩子们，我太了解他们，张狂，个性，喜欢旅游、滑雪，能吃能玩能疯，太不让人省心！

微信，让我分分钟就把四处分散的孩子们拽到一个群里训话："上海……心悸！好好接受教训，没事少往外跑！别太张狂无忌！长成现在这样优秀不容易……小心保护自己，就是最好的孝敬和感恩！"

一整天，微信"嘀嘀"响个不停，当孩子们一一回应之后，才觉心安。第二天，小雨把这个群改名为"莉姐的孩儿们"。

微信，让忐忑的牵挂得以安心，随时随地。

生活，真的已离不开微信，孩子们越多，越离不开！

---

一日为师，终身幸福。年龄越大，越能感到教师这个职业的美好。

看到当年憨直单纯的小毛头，长成美女帅哥真才俊，你会兴奋、快乐，生活自会比别人多出许多的充实和享受；时空流转，看生命创造奇迹，你会欣慰、自豪，生命自会比别人多出许多的静美和幸福；即使是牵挂和担忧，也让精神多出了许多的凝重和饱满。我喜欢！

**点点思雨**

（王　莉　河南省安阳市七中）

## "忠实保护神""贴心小棉袄"

我的"忠实保护神""贴心小棉袄"不是老公,不是女儿,而是我班上那些成熟懂事的男生和细心可爱的女生。

这几天我的鼻窦炎犯了,头痛欲裂,鼻孔短路。心细的小悦发现了,叮嘱我:"老师感冒了吧?多穿点衣服。"感动之余,也很享受,我轻轻回应:"嗯,有点感冒,鼻窦炎犯了。""治鼻窦炎我有绝招,我妈妈就是这样给我弄的。"说着她让我坐在椅子上,仰起头,把热毛巾小心地敷在我的鼻子上,用两指轻轻上下按摩我的鼻孔两侧。不知是因为心理作用,还是小悦的照顾,顿时感觉鼻孔通了,舒服了许多。有这样的"贴心小棉袄",能不幸福吗?

骄阳似火,偌大的操场暴晒在太阳底下。除草劳动进行两个多小时了,学生们的体力到了极限,像霜打了的茄子。我班的跟班老师全都撤回了。我快虚脱了,苦苦坚守着,期盼着领导发话休息整顿。小浩向我招手,我以为出了什么事,赶紧过去。"老师,你站在我身边,我是你的遮阳伞。"我"扑哧"笑了,好一个遮阳伞。小浩,入学时做个自我介绍都急哭了,之后上树掏鸟,上山逮蝎子,打架,顶撞老师对他而言是家常便饭。他今天居然能说出如此温暖人心的话来真让我幸福得晕晕乎乎的。他一米七五的个头,体重100公斤,站在他的影子里,足以免受太阳炙烤。我试了试,果真如此。我们师生二人站在一起,似母子相偎,温暖氤氲开来。其他男生得知情况,聚拢过来,为我撑起了一片阴凉天。此情此景,夫复何求?有这样的遮阳伞,能不幸福?

放学了,与学生道了再见,看着他们收拾好出了教室,我才准备回家。这是惯例。可不知从哪天起,这惯例又被添加了一条:每天小阳为我锁办公室门,然后叮嘱我"路上小心,注意安全",看着我离开。在学生的叮嘱声和祝福声中，我幸福地踏上回家的路。后来我才知道，这句话被他们复制到所有老师身上，这是他们对老师的真诚祝福。享受着学生的关爱，能不幸福吗？

想想初一、初二时，他们多么顽劣，课堂上不好好学习，违反纪律，还时不时与老师发生点小摩擦。某老师利用自习多辅导一会儿，他们就嫌老师经常占课，牢骚满腹。我教育他们，他们还振振有词，无理搅三分。不到一年时间，他们就发生了翻天覆地的变化，男生长高了，女生优雅了，更重要的是他们都成熟了，懂事了，知道体谅人了！这种成长，仿佛是夜间偷着发生的，不知不觉地。等我感觉到时，为时已晚，他们已和我开起了玩笑，俨然与我平起平坐了，甚至已经成为了我的"忠实保护神""贴心小棉袄"。

享受着学生的关爱，感受着学生的成长，真是身为教师最大的幸福。

> 教育不是牺牲，而是享受。看着学生由毛头小伙变成阳光少年，由青涩女孩变成优雅淑女，看着我们的教育使沙漠变绿洲，使顽劣变乖巧，使野蛮变文明，这本身就是一种享受、一种幸福。从工作中获得的幸福才会长久。人，存活简单，想精彩难。要想活得精彩，就必须有精神追求。
> 
> 我感谢班主任工作让我心态平和，甘于寂寞又不寂寞，每天用心打拼，努力付出，踏实，充实。我庆幸能在教育中享受着生命，和学生一起成长，并收获了满满的幸福。
> 
> （侯双爱　河北省保定市顺平县梁洁华希望中学）

**点点思雨**

- 阅读《教师月刊》
  做一个出色的自我教育者

- 每期16元，全年12期共192元　　邮发代号 82－326

- **2015年封面报道：**学生处主任王赫　　窦桂梅：站在课堂上的校长　　王木春：我的教育省思　　李镇西的课堂密码

- 我愿意向《教师月刊》表达"慢"的敬意:在期刊生产日趋泡沫化和功利化的今天,《教师月刊》坚持做一些能真正给人启迪和增强信仰的事情,愿意在快时代中下慢功夫,值得我们读者和作者尊敬。
  —— 陈先哲（华南师范大学高校师资培训中心教师）

欢迎扫描教师月刊

微信：daxiashuke

欢迎到各大书店、网店购买

| | |
|---|---|
| 大夏书系官网 | www.dxjy.com |
| 阅读热线 | 010-82275571 |
| 客服邮箱 | daxiakefu@163.com |
| QQ读者群 | 84913798 |
| sina 微博 | @大夏书系 |
| sina 博客 | @大夏书系 |

## 学前教师教育

权威专家对幼儿园教师专业成长进行全方位的指导，既有具体案例的分析，也有国家标准的解读

- 《<3-6岁儿童学习与发展指南> 案例式解读》　　管旅华 主编　　32.00
- 《幼儿园创意美术活动案例集》　　谢颖蘋 主编　45.00
- 《幼儿园活动设计与经典案例》　　张亚军 方明惠 主编　32.00
- 《<幼儿园教师专业标准（试行）>案例式解读》　　尹坚勤 管旅华 主编　32.00
- 《怎样做幼稚园教师》　　陈鹤琴 著　29.80
- 《给幼儿园园长的建议》　　朱家雄 张亚军 主编　28.00
- 《幼儿园保教管理工作指南》　　马虹 李峰 等 编著　35.00
- 《幼儿园安全策略50条》　　雷思明 著　35.00
- 《开发幼儿智力和创造力的99个策略》　　（美）格温·斯奈德·科特曼 著　29.80
- 《幼儿园音乐有效教学六讲》　　陈泽铭 著　35.00

更多好书请登陆大夏书系官网　www.dxjy.com

注解：

教育部奖项　中国教育报奖项　中国教师报／中国教育新闻网奖项　国家级奖项　省级奖项

畅销　新书

- 《数学教育的智慧与境界》　任勇 著　39.80

- 《小学语文文本解读（上、下）》　闫学 著　各32.00 ★

- 《语文的回归：一个大学老师的小学课堂》　陈国安 著　36.00

- 《什么是我们的母语——民国三大家论语文教育》　叶圣陶 夏丏尊 朱自清 著　35.00 New

- 《给音乐教师的建议》　王艳芳 著　28.00

## 班主任成长

荟萃名家的德育思考和优秀班主任的实践智慧，针对当前学校的现实问题，提出合宜的解决方案，是德育教师的智慧百宝箱

- 《班主任兵法（修订版）》　万玮 著　25.00 ★ ★ 热卖

- 《清华附小的德育细节》　窦桂梅 丛书主编　35.00 热卖

- 《创建幸福教室的35个秘密》　梁岗 著　32.00 New

- 《班主任幽默施教100篇千字妙文》　张万祥 主编　32.00 New

- 《班主任工作艺术六讲》　刘金玉 著　35.00 New

- 《美学是未来的教育学：德育世界的探寻》　檀传宝 著　35.00 New

- 《做学生最好的成长导师——张青娟班主任工作艺术99例》　张青娟 著　35.00 ★

- 《班级管理智慧案例精选》　熊华生 主编　29.80 ★

- 《中小学班级主题活动40例》　庄传超 主编　29.80 ★ ★ 热卖

- 《给年轻班主任的建议》　张万祥 主编　22.00 ★ ★ 热卖

## 教师专业成长

教育专家和一线名师对不同课堂、学科进行系统性的思考,对课堂的结构与意义进行剖析,帮助老师们提高课堂教学效果

- 《教育与脑神经科学》　　大卫·苏泽 等著　方彤 等译　35.00　热卖
- 《差异化教学》　　格利·格雷戈里 等著　刘颂 译　35.00　New
- 《差异化教学探究:文学、数学和科学》　　莱斯莉·劳德 等著　35.00　New
- 《课程领导者与教育技术》　　林妮·施伦普 等 著　35.00　New
- 《学会教学(第六版)》　　阿兰兹 著　68.00　New
- 《有效教学十讲》　　余文森 著　29.80　热卖
- 《好懂好用的教育心理学:解决学生学习的10个困惑》　　赵希斌 著　28.00　热卖
- 《教育中的心理效应(第二版)》　　刘儒德 主编　29.80　热卖
- 《课堂密码(第二版)》　　周彬 著　29.80　热卖
- 《教师如何做课题》　　李冲锋 著　39.80　热卖
- 《跟随佐藤学做教育——学习共同体的愿景与行动》　　陈静静 等 著　35.00　New
- 《问题学生诊疗手册(第二版)》　　王晓春 著　32.00　New
- 《听,学生在说——故事里的教育心理学》　　赵希斌 著　32.00　New
- 《给教师的阅读建议》　　闫学 著　32.00　New
- 《吴正宪给小学数学教师的建议》　　吴正宪 编著　29.80

- 《为幸福而教——教育长短记》 檀传宝 著 35.00 New

- 《迷人的阅读——10位名师的秘密书架》 朱煜 主编 35.00 ②③ 热卖

- 《"不乖"教师的正能量——海峡两岸30位优秀教师的修炼之道》 谢云 等 主编 35.00 ②③

- 《幸福教师五项修炼——禅里的教育》 谢云 著 35.00 ① 热卖

- 《给教师的60条法律建议》 雷思明 著 29.80 热卖

- 《做幸福的好教师——名家名师教育访谈》 朱永通 著 35.00 New

## 校长领导力

校长需要立足学校管理实践，从学校文化、教学引领、人才战略等方面入手，提升领导力和办学素质

- 《忠告中层——给学校中层管理者的47封信》 郑杰 著 39.80 ①②③ 热卖

- 《战略的胜利：初中崛起的秘密》 郑杰 著 32.00

- 《学校文化建设的路径——书生校长的教育行动》 程红兵 著 35.00

- 《"瞎子摸象"——书生校长的西方教育见识》 程红兵 著 35.00 New

- 《教育如此迷人——好学校是如何成长的》 杨勇 著 35.00

- 《优秀校长99个成功的管理细节》 陈兴杰 主编 29.80 ① 热卖

- 《学校管理从何入手：内部管理机制建构》 李雯 著 29.80 ①

- 《校长领导力修炼》 王铁军 著 29.80

- 《学校管理的50个典型案例》 程凤春 著 25.00 热卖

## 教师素养

教师素养的高低决定了教师的专业发展水平；教育专家的反思和建议，一线教师的成长经验，有助于老师们开阔视野，理解教育

- 《教学勇气——漫步教师心灵（十周年纪念版）》　帕克·帕尔默 著　35.00　热卖
- 《与大数据同行：学习和教育的未来》　维克托·迈尔-舍恩伯格 等著　42.00　热卖　New
- 《我的教育信条》　杜威 著　罗德红 等 编译　35.00　New
- 《我的教师梦——钱理群教育讲演录》　钱理群 著　30.00　★4
- 《李泽厚论教育·人生·美——献给中小学教师》　李泽厚 著　杨斌 编选　35.00　★1
- 《重建教师的精神宇宙》　李政涛 著　35.00　★2　热卖
- 《不跪着教书》　吴非 著　22.00　★4　★5　热卖
- 《教育照亮未来——民国八大教育家经典文选》　杨斌 编　35.00　★1　★2　★3　热卖
- 《推动自己，就是推动教育》　杨林柯 著　35.00　New
- 《教育是心灵的艺术——李镇西教育随笔选》　李镇西 著　35.00　New
- 《我的教育视界》　窦桂梅 著　42.00　★2　热卖
- 《下辈子还教书》　蔡兴蓉 著　35.00　New
- 《教师的价值》　钱梦龙 著　35.00　New
- 《教育公平》　兰德尔·林赛 等著　35.00　New
- 《第三只眼睛看教育——5位海外华人学者的教育省察》　陈心想 等著　35.00　New

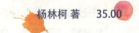

杨林柯 著  35.00

## 一位"真正的教师"的真话录

读了杨老师的"万言书",我一则以喜,一则以忧,最后仍怀希望。

这些年,我一直在寻找"真正的教师",而且总有收获。在我看来,真正的教师的出现,这应该是中国教育改革的重要成果;同时,这些真正的教师所遭遇的困境,也在一个相当重要的方面,反映了中国教育和改革的某些深层次的问题。

我之所以把"杨老师们"称为"真正的教师",是因为他们的教育理念与实践,不仅体现了教育的本质、教育的良知,而且体现了我们正在推进的教育改革的基本精神

杨老师所要倾心培育的"独立思考,独立判断,独立行动"的人才,也是国家最需要的"创新型"人才。而且最为难能可贵的是,"杨老师们"把这样的教育信念和理想融化到日常细微的教学工作之中,"认真上好每一堂课,精心组织好每一个班级活动,不期待奇迹发生,只要求有微小的变化,移步而换形,潜移而默化,不苛求立竿见影,一切着眼于长远的发展"。

因此,我说他们是在用自己的平凡的教学活动,悄然无声地改变着学生,改变着自己,也改变着中国的教育,我称之为"静悄悄的教育变革"。

分享人:钱理群

《给教师的阅读建议》

闫学 著  32.00

一本带你走近更多好书的阅读指南

《下辈子还教书》

蔡兴蓉 著  35.00

"鬼才癫师"独辟教书之道,演绎非常人生

## 《教学勇气——漫步教师心灵》

帕克·帕尔默 著 35.00

### 全球销售过百万的教师心灵之书,全新修订

对于教学,教学应符合学生的特点,社会的期待,学校的目标等,但我们很少想到,教学还应该符合教师的自我。对于教师,我们也有很高的要求:教师应具有高尚的人格、丰富的经验和教学智慧等,但我们很少想到,教师还应该具有教学勇气。

教学需要勇气。教学勇气就是指教师有勇气以符合他们内心最推崇的价值的方式教学,而不是以符合制度规范的方式教学,也不是以迎合学生的方式教学。

教学勇气源自教学的内部景观,就是用真心去教学,就是使教学契合本性,就是追求完整的教学。之所以如此重视教学勇气,主要是因为它是优质教学的前提,它能保障心灵的健康,它有助于教学的变革。

美国著名作家、教师、活动家帕尔默的《教学勇气———漫步教师心灵》对教学勇气的精辟论述对我们所有从事教育工作的人都具有重要的启发意义。

分享人:罗祖兵

## 《我的教育信条》

[美]杜威 著 罗德红 等 编译 35.00

精选适合中小学教师阅读的杜威著作,教师节献礼之作

## 《教师的价值》

钱梦龙 著 35.00

一位教龄与新中国同岁的老教师的传奇经历

李政涛 著 35.00

## 新基础教育领军人物李政涛教授叩问教师职业价值的警醒之作

李政涛兄发现，人很容易被自己的眼界、经验，被已有的荣誉、资历、地位所捆绑和束缚，这些东西会变成自设的监狱。所以，他提出了"教师如何重建精神宇宙"这个命题。他的意思很明确：教师要不断自我"越狱"。

在他那里，所有与之相遇的人与事，都会变成"朝向自我的教育"，"或从正面提醒，或从反面警醒。"这实际上也道出了"教育的味道"是如何生生不息的：在"面向他人的教育"和"朝向自我的教育"的双向转化中，教师从学生身上看到了教育的"不及物"之处和各种可能性，同时以不断生成的生命经验为新的教育资源，与学生分享自我生长的奥秘与愉悦。

这种转化，无时不存在于每个教师的人生，也无时不存在于这个人世间。其前提是，教师的精神宇宙是开放的、运动的，处于不断重建当中的。

**分享人：林茶居**

荣获《中国教育报》2014年"教师喜爱的100本图书"之十佳图书

### 《教育照亮未来——民国八大教育家经典文选》

**杨斌 编 35.00**
教育大家思想之灼灼光芒，现代教师研习之不朽经典

### 《迷人的阅读——10位名师的秘密书架》

**朱煜 主编 35.00**
《中国教育报》《中国教师报》、中国教育新闻网年度获奖图书

《忠告中层——给学校中层管理者的47封信》

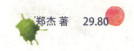 郑杰 著 29.80

## 首部直接为中小学中层管理者量身定做的成长图书

这本书，我几乎是一口气读完，其间不禁圈点勾画，共鸣有之，联想有之。

常被称为"风箱里的老鼠"的中层管理者，到底怎么做才"上对得起校长、下对得起老师、中对得起自己"呢？想起苏格拉底的"每个人身上都有太阳，主要是让它如何发光"。这岂止是一种教育理念，也道出了管理的本质和价值追求。刚到教科室上任时，我眼巴巴地求校长指点迷津，校长笑眯眯地说："第一，我支持你，你只管大胆去做；第二，按你的想法去开展工作。"呵呵，这与书中的校长何其相似？

读完这本书，我明白了：校长不可靠，只能靠自己；也好，我可以好好想想该怎么干。放手——这种类似无为而治的管理思想，会给教师一个广阔的发展平台。当教师真切地感觉到自己身上发生着美好的变化，其发光发热就是一个再自然不过的结果了。

说到底，管理者要关注的，始终是人，是人心。

分享人：王晓燕

入选《中国教育报》"年度教师喜爱的十佳图书"，《中国教师报》和中国教育新闻网"影响教师的100本书"，教育部中小学图书馆(室)推荐书目

### 《我的教育视界》
**窦桂梅 著 42.00**
魅力校长窦桂梅游学五国的的见闻和思考

### 《"瞎子摸象"——书生校长的西方教育见识》
**程红兵 著 35.00**
书生校长程红兵深刻阐发全球化背景下，如何"阅读他者"

《教育与脑神经科学》 大卫·苏泽 等著 35.00

## 一本将最新脑神经学研究成果应用于教学实践的书

在手机、电脑等多媒体触手可及的环境中,学生已经很难安分地静坐45分钟听教师上(讲)课。教育工作者必须审慎地思考:如何利用我们对大脑的新知来恰到好处地改变学校、改变课堂,有效地激发孩子们的成长潜能。

本书的书名听起来有点高深莫测,但出自不同作者之手的学术探讨都深入浅出,秉承着美国学者重视实用的著述传统,注意将大脑研究的最新成果转化为改进、变革和推动学校教学的实践活动,通俗易懂,操作性强。细细读来,不禁让人感叹美国学者们扎实的理论研究与实践操作能力。

读完本书,你就能大体把握近年来与教学相关的神经系统学研究成果,也能熟悉各种促使你的学生勤奋好学并学业有成的教学策略与技巧。

分享人:方彤

荣获《中国教师报》、中国教育新闻网2014年"影响教师的100本书"之十佳图书,畅销美国多年,销量达数十万册。

《差异化教学》

格利·格雷戈里 等著 35.00

《课程领导者与教育技术》

林妮·施伦普 著 35.00

美国畅销教师工具书,差异化教学必读

《与大数据同行——学习和教育的未来》　　维克托·迈尔-舍恩伯格 等著　42.00

**《大数据时代》作者最新力作，预见全新的教育时代**

与大数据同行的学习就是未来的教育，这既是书名的意义，也是本书的主题。

多年以来，事实上是多个世纪以来，教育领域的决策从来就是在缺乏数据的基础上作出的。弄明白哪些教学技术确实会产生作用，而哪些教学技术不会产生作用，正是本书所探讨的一场革命。

我们第一次要求自己拥有理解学生正在做什么的能力。我们能够理解在最大规模情况下学生是如何学习的，理解在任何给定的学年中数以百万计的各种数据。不同于旧有的调查世界，我们能够把两种规模的数据连接起来使用——大数据是数以亿万计的小数据的汇集。

教育的未来依赖于本书巧妙而有力地论证的特征：教学的个性化，把有效努力从无效努力中分离出来的反馈循环，以及由大规模数据集的概率预测而产生的设计体系。决定着教育之未来的，是那些更好地利用大数据来适应学习的组织。

分享人：克莱·舍基

著名教育学者朱永新、李希贵力荐，《中国教育报》《文汇报》、澎湃网等众多媒体重磅推荐

**《教师如何做课题》**
李冲锋 著　39.80
一本指导教师成功申报课题到推广成果的实战书

**《教师如何做研究（第二版）》**
郑金洲 著　25.00
全国教师教育推荐使用课程资源，贴近中小学教师教学实际

## 大夏书系读书节——推动教师全员优质阅读的公益平台

我们愿意以专业的精神和最大的诚意为各地教育行政部门提供支持

**图书推荐**
传递最优质、最新出版的图书信息,结合当地读书需求推荐最合适的图书

**活动策划**
按照需求,策划读书活动,邀请国内知名教育专家、图书作者参与阅读现场

**媒体支持**
由我社创办的《教师月刊》杂志为您提供免费报道,并邀请国内权威教育媒体参与活动

**深度参与**
《教师月刊》、大夏书系的编辑和记者可深入当地进行座谈、讲学

GO 大夏书系读书节的足迹

江苏、上海、河南、湖南、北京、黑龙江、福建、四川、甘肃、江西……

华东师范大学出版社
全国百佳图书出版单位

# 教师爱阅读
# 书香传幸福

**大夏书系**

**全国知名教师用书品牌**

- 华东师范大学出版社北京分社策划出版
- 至今已出版500余种，销售1800万册
- 涉及教育理论、教师素养、教师专业发展、班主任工作、学校管理等